2.ª edición

Coreano fácil para principiantes

Coreano fácil para principiantes   2.ª edición

Autora	Seung-eun Oh
Traductor	Roberto Vega Labanda
Ilustradores	Moon-su Kim, Byung-chul Yoon

1.ª edición	agosto de 2016
2.ª edición	noviembre de 2022
1.ª impresión	noviembre de 2022
Editor de proyecto	Kyu-do Chung
Editores	Suk-hee Lee, Ji-eun Oh, Jihee Han
Diseñadores	Na-kyoung Kim, Hyun-seok Jung, Young-ran Choi
Actores de voz	So-yun Shin, Rae-whan Kim, Alejandro Sánchez Sanabria, Verónica López Medina

DARAKWON Publicado por Darakwon Inc.

Darakwon Bldg., 211, Munbal-ro, Paju-si, Gyeonggi-do, República de Corea 10881
Tfno.: 82-2-736-2031
(Dpto. Mercadotecnia: Ext. 250~252; Dpto. Edición: Ext. 420~426)
Fax: 82-2-732-2037

Precio: 21,000 wones (incluye Cuadernillo de frases clave y MP3 descargable gratuito)

ISBN: 978-89-277-3275-4 14710
        978-89-277-3263-1 (set)

http://www.darakwon.co.kr
http://koreanbooks.darakwon.co.kr

※ En caso de querer más información sobre nuestras publicaciones y promociones, así como las instrucciones de cómo descargar los archivos MP3, visite la página web de Darakwon.

Coreano fácil

2.ª edición

para principiantes

Seung-eun Oh

DARAKWON

Prólogo

〈Korean Made Easy〉 시리즈는 제2언어 혹은 외국어로서 한국어를 공부하는 학습자를 위해 집필되었다. 특히 이 책은 시간적·공간적 제약으로 인해 정규 한국어 교육을 받을 수 없었던 학습자를 위해 혼자서도 한국어를 공부할 수 있도록 기획되었다. 〈Korean Made Easy〉 시리즈는 초판 발행 이후 오랜 시간 독자의 사랑과 지지를 받으며 전세계 다양한 언어로 번역되어 한국어 학습에 길잡이 역할을 했다고 생각한다. 이번에 최신 문화를 반영하여 예문을 깁고 연습 문제를 보완하여 개정판을 출판하게 되어 저자로서 크나큰 보람을 느낀다. 한국어를 공부하려는 모든 학습자가 〈Korean Made Easy〉를 통해 효과적으로 한국어를 공부하면서 즐길 수 있기를 바란다.

시리즈 중 〈Korean Made Easy for Beginners〉는 한국어를 처음 접하는 학습자가 좀더 쉽고 재미있게 한국어를 학습하도록 고안되었다. 어렵고 딱딱한 문법 설명보다는 기초적이고 핵심적인 문법 설명을 제공하고 모든 학습 내용을 시각 자료로 제시함으로써 학습자가 언어 사용 맥락을 쉽게 이해하며 따라가도록 하였다. 그리고 도움말과 부록으로 보충 설명을 더하여 학습자가 교사 없이도 초급 한국어를 익힐 수 있도록 하였다. 또한 간결한 대화와 실용 표현, 초급 문형 별책을 통해 학습자가 일상생활에서 생존에 필요한 한국어를 구사할 수 있도록 하였다.

〈Korean Made Easy for Beginners〉는 크게 한글 네 과와 본문 스무 과, 별책으로 구성되어 있다. 한글은 시청각 자료와 듣기 연습문제를 통해 한글 구성과 발음을 체계적으로 익힐 수 있다. 본문은 일상생활에서 필수적인 40개의 주제·상황을 다양하게 접할 수 있는데, 초급 어휘와 문법을 단계적으로 학습하고 대화와 실용 표현으로 다양한 상황에서 어휘와 문법이 쓰이는 맥락을 확인할 수 있다. 각 과의 마지막에 실려 있는 문화 정보로 한국 문화에 대한 이해도 높일 수 있다. 별책은 본문에 나온 초급 핵심 문형 40개를 모아 놓은 것으로, 실제 생활에서 학습자는 별책을 이용하여 책에서 배운 한국어를 바로 사용할 수 있다.

이 책을 집필하는 데 많은 이의 관심과 도움이 있었다. 먼저, 이 책의 큰 틀을 잡고 방향을 설정하는 데 도움을 주신 고(故)김성희 선생님과 세부적인 내용을 꼼꼼하게 지적해 주신 오승민 선생님과 김은정 선생님께 감사드린다. 쉽고 명확한 번역과 교정을 해 주신 Roberto Vega Labanda 교수님께도 감사 인사를 드린다. 이분들의 참여와 열정으로 책의 완성도를 높일 수 있었다. 이 모든 분들께 다시 한번 깊은 감사를 드린다.

또한 지난한 출판 작업 중에서도 인내심을 갖고 기다려 주신 ㈜다락원의 고(故) 정효섭 회장님과 정규도 사장님, 더 좋은 책이 되도록 많은 애를 써 주신 편집부와 디자이너께도 감사 인사를 드린다. 마지막으로, 딸의 원고 작업을 곁에서 지켜보며 항상 기도해 주시는 어머니와 딸의 작업을 지지해 주셨던 고인이 되신 아버님께 감사드리고 싶다.

오승은

La serie de libros *Coreano fácil* ha sido creada para todos aquellos que deseen aprender coreano como segunda lengua o como lengua extranjera. Este manual en concreto ha sido diseñado para aquellos que no puedan asistir a clases de coreano y a los que la falta de tiempo o su ubicación geográfica no les deje otra alternativa que estudiarlo por su cuenta. La serie *Coreano fácil* ha sido traducida a varios idiomas y tengo la impresión de que ha sido muy bien recibida por su público desde su primera edición al constituir un excelente método para estudiar la lengua coreana. Como autora de este manual, me congratula poder publicar esta versión revisada, la cual incorpora contenidos culturales de plena actualidad, incluye frases a modo de ejemplo y presenta ejercicios más completos. Es el mayor de mis deseos que todos los que deseen aprender coreano, puedan hacerlo de manera efectiva y divertida por medio de *Coreano fácil*.

Coreano fácil para principiantes, uno de los manuales integrantes de esta serie, ha sido diseñado para que los que se inicien en el aprendizaje del coreano lo puedan hacer de manera sencilla y amena. De hecho, se ha descartado la inclusión de complejas y farragosas explicaciones gramaticales en favor de explicaciones llanas y sencillas cuando se presentan nuevos contenidos gramaticales, los cuales van acompañados por ilustraciones que permiten entender mejor el contexto en el que se desarrolla cada situación comunicativa. Además, se incluyen explicaciones complementarias y aclaraciones adicionales, que buscan facilitar el aprendizaje de los rudimentos del coreano sin la presencia de un profesor. Por otra parte, gracias al empleo de breves conversaciones, expresiones de uso diario y el cuadernillo de frases clave, los estudiantes podrán adquirir la competencia necesaria para interactuar en coreano en situaciones de la vida cotidiana.

Coreano fácil para principiantes está compuesto por un manual estructurado en cuatro capítulos sobre el *hangul* y veinte capítulos con contenido gramatical y léxico, además de un cuadernillo de frases y expresiones clave. Los primeros cuatro capítulos permiten aprender a escribir y leer el *hangul* de manera sistemática por medio de elementos visuales y archivos de audio. Posteriormente, el manual presenta cuarenta temas y situaciones comunicativas esenciales de la vida cotidiana, lo que permitirá a los estudiantes aprender paulatinamente la gramática y el vocabulario básicos entendiendo el contexto comunicativo en el que se emplean gracias a las conversaciones y los patrones comunicativos que se ofrecen. Los textos que hay al final de cada capítulo también serán de gran ayuda a la hora de entender la cultura y sociedad coreanas. Finalmente, el cuadernillo recoge un compendio de expresiones y frases clave extraídas del manual para su consulta rápida y fácil por parte de los estudiantes.

El presente libro ha sido posible gracias al interés y a la colaboración de muchas personas. En primer lugar, quisiera expresar mi más profundo agradecimiento al difunto Sung-hee Kim, quien puso todo de su parte para que se creara el marco de trabajo adecuado e indicó la dirección que se debería tomar en la confección de este manual. Igualmente agradecida me siento hacia los profesores Seung-min Oh y Eun-jeong Kim por su meticulosa revisión de hasta el último detalle. También quiero darle las gracias al profesor Roberto Vega Labanda por su traducción y corrección primando la simplicidad y la claridad. El presente manual se ha podido completar satisfactoriamente gracias a la colaboración y el entusiasmo de todos ellos. Por ello, quiero reiterar mi más profundo agradecimiento a todos ellos.

Asimismo, quisiera también hacer público mi más profundo agradecimiento al difunto Hyo-sup Chung y a Kyu-do Chung, presidente y director ejecutivo de la editorial Darakwon S. L. respectivamente, por toda la paciencia mostrada en la publicación de este manual, así como también a los editores y diseñadores que han logrado con su gran labor que este sea un mejor libro. Finalmente, le doy las gracias a mi madre por ayudarme revisando mi trabajo y por siempre rezar por mí, así como también a mi difunto padre por todo su apoyo.

Seung-eun Oh

Hangul

La sección Hangul se compone de una introducción y de cuatro capítulos a lo largo de los cuales se organizan las consonantes y las vocales según sus características, lo que facilitará su aprendizaje.

Presentación de los objetivos didácticos

Este capítulo explica cómo escribir el *hangul*, la pronunciación correspondiente a cada consonante y a cada vocal y las realizaciones fonéticas parecidas en palabras españolas e inglesas.

Pronunciación con con archivos de audio

Las grafías de los círculos de la izquierda muestran los sonidos consonánticos que se van a estudiar, mientras que en las flechas aparecen las vocales que ya se han estudiado previamente. La combinación de ambos sonidos produce una sílaba, la cual aparece en el círculo de la derecha.

Gracias a los archivos de audio de los códigos QR, en cada capítulo se puede escuchar la pronunciación de la sílaba resultante.

Vocabulario

Todos los sonidos presentados en la unidad van acompañados del vocabulario que los contienen. A su vez, junto a cada nueva palabra se puede encontrar una imagen que ayuda a su comprensión. Escuchará cada palabra dos veces en el archivo de audio disponible a través del código QR.

¡Cuidado!

Esta sección trata de ayudar a los estudiantes a distinguir entre pares de palabras con pronunciaciones muy parecidas y a identificar aquellas grafías que se pronuncian de la misma manera. Los códigos QR permiten escuchar la pronunciación de cada palabra.

Sección principal

La sección principal de este manual se compone de un total de veinte lecciones, las cuales incluyen diferentes situaciones y estructuras gramaticales. Al ser el objetivo principal de este libro es enseñar la gramática, a lo largo de sus páginas se priman aquellas estructuras gramaticales con mayor frecuencia de uso.

▶ *Estructuras clave & gramática* : Esta sección presenta los nuevos contenidos gramaticales a través de una frase modelo.

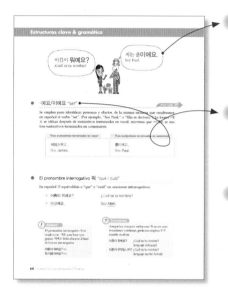

Tema del capítulo

Cada capítulo va a compañado de una imagen y algunas frases a modo de ejemplos, lo que ayudará a los estudiantes a entender cómo usar e incorporar los nuevos puntos gramaticales en diversas situaciones.

Explicación gramatical

El contenido gramatical se presenta de manera simple con el apoyo de imágenes y frases sencillas.

¡Cuidado!

Este apartado se centra en confusiones y errores habituales.

Curiosidades

En este apartado se presta atención a excepciones y conceptos de cierta dificultad.

▶ *Coversación* : El tema del capítulo se presenta junto a los nuevos puntos gramaticales, todos ellos contextualizados en una conversación, la cual se puede escuchar gracias a los archivos de audio.

Nuevo vocabulario y nuevas expresiones

Este apartado proporciona la traducción al español de los nuevos vocablos y expresiones usados en la coversación.

Aclaraciones

El objetivo de este apartado es el de ayudar a los estudiantes a entender en profundidad el significado y el uso de ciertos vocablos y expresiones más allá de la gramática.

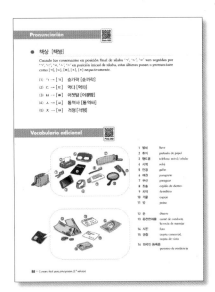

Pronunciación

En este apartado se presentarán algunas palabras de la conversación por su interés fonético, ya sea por servir de ejemplo para una determinada pronunciación, o por la dificultad que presenta su articulación. Los códigos QR permiten escuchar la pronunciación de las palabras.

Vocabulario complementario

Este apartado permite ampliar el vocabulario relacionado con el tema del capítulo o proporciona palabras útiles para la realización de los ejercicios.

Expresiones útiles

En este apartado se encuentran frases y expresiones relacionadas con el tema de la unidad. En ocasiones, puede que estas estructuras contengan gramática que no se haya estudiado, pero se han incluido de todas formas por la frecuencia e importancia que tienen en la comunicación diaria. Para ayudar al estudiante a entender el contexto en el que se emplean estas estructuras, todas las expresiones van acompañadas por una imagen.

Autoevaluación

Este apartado se divide en tres secciones: gramática, comprensión auditiva y comprensión lectora. Los estudiantes pueden autoevaluarse después de cada capítulo.

índice

Tabla de contenidos

Contenidos		

■ Las diez consonantes finales: ㄱ, ㄴ, ㄹ, ㅁ, ㅂ, ㅇ, ㄷ, ㅅ, ㅈ, ㅎ

■ Otras cuatro consonantes finales: ㅋ, ㅌ, ㅍ, ㅊ

■ Otras dos consonantes finales: ㄲ, ㅆ   ■ Consonantes conjuntas finales: ㄵ, ㄶ, ㄼ, ㅄ, ㄺ, ㄻ

Situación comunicativa 1	Situación comunicativa 2	Apuntes culturales
Preguntar por el nombre de alguien	Preguntar por la nacionalidad de alguien	Evite dirigirse a alguien usando "tú".
Preguntar si alguien se dedica a una determinada profesión	Preguntar por el trabajo	Un registro para cada ocasión
Preguntar cómo se llama algo	Preguntar de quién es algo	El uso de 우리
Preguntar por ubicaciones	Pedir direcciones para llegar a un lugar por teléfono	¿Qué se puede ver en Seúl?
Preguntar la posesión	Preguntar por el parentesco	Referirse a otros como familiares
Preguntar por un número de teléfono	Pedir y confirmar un número de teléfono	El cómputo de la edad
Invitar a alguien a un cumpleaños	Felicitar a alguien por su cumpleaños	Las fiestas de cumpleaños coreanas
Hablar sobre el trabajo	Hablar sobre la escuela	Los saludos coreanos
Preguntar cuánto se tarda	Preguntar por medios de transporte	El sistema de transporte público de Seúl
Pedir comida	Comprar billetes de tren	¿Quién paga la cuenta?
Hablar sobre actividades cotidianas	Preguntar por la frecuencia	Mostrar respeto con las manos
Hablar sobre aficiones (películas coreanas)	Hablar sobre aficiones (comida coreana)	La ola coreana
Preguntar por la salud de alguien	Comunicar los síntomas	Una respuesta muy habitual: 괜찮아요
Preguntarle a alguien cómo estuvo su viaje	Hablar sobre los viajes	Interesantes lugares turísticos
Hacer planes	Hablar sobre planes	Hacer regalos
Hacer propuestas	Rechazar propuestas	¿La modestia es una virtud?
Confirmar telefónicamente el lugar de una cita	Pedirle a alguien que llama por teléfono que espere	Dirigirse a alguien por primera vez
Sugerirle a alguien que aprenda coreano	Recomendar destinos turísticos y comida	Una cultura basada en el cariño
Tomar un taxi	Dar direcciones	Uso del lenguaje formal
Reservar mesa en un restaurante telefónicamente	Reservar habitación en un hotel telefónicamente	Platos concretos para ocasiones especiales

Introducción al hangul

El hangul, el sistema de escritura coreano que se emplea en la actualidad, fue creado por el rey Sejong y un grupo de estudiosos en 1443, y promulgado en 1446. Hasta entonces, en Corea la escritura se realizaba por medio de caracteres chinos, cuyo dominio solo se lograba después de varios años de duro estudio, por lo que la escritura estaba solo al alcance de los nobles eruditos. El hangul constituye un sistema de escritura particular por toda una serie de razones. La primera es que a pesar de ser un alfabeto, las letras se agrupan en sílabas en lugar de simplemente colocarse una tras otra. Por otra parte, la forma de cada letra suele indicar la naturaleza fonética del sonido que representa. Por último, se trata de un sistema de escritura que cualquier persona puede aprender con facilidad. ¿Alberga usted dudas todavía al respecto? Bueno, como dicen los coreanos, 시작이 반이다 (empezar es ya la mitad del trayecto), así que empecemos.

● Origen de las vocales del hangul

Los sonidos vocálicos del hangul se basan en tres vocales básicas que representan tres elementos del mundo: '·', que representa el cielo, '⎯', que representa la tierra, y 'ㅣ', que representa al ser humano. La vocal 'ㅏ', por ejemplo, se forma añadiendo a la letra 'ㅣ' la letra '·' a su derecha. En la actualidad, el coreano cuenta con un total de veintiún signos vocálicos, tanto vocales simples como diptongos.

● Origen de las consonantes del hangul

Las grafías de las consonantes 'ㄱ', 'ㄴ', 'ㅁ', 'ㅅ' y 'ㅇ', las cuales pertenecen al grupo de las consonantes básicas del alfabeto coreano, tratan de imitar la forma o posición de los órganos que intervienen en la pronunciación del sonido que representan, como la lengua, los labios o la garganta.
Por ejemplo, la forma de la consonante 'ㄴ' trata de imitar la forma que la lengua adopta dentro de la boca al pronunciar esta consonante nasal, es decir, con la punta de la lengua levantada tocando el paladar duro. En la actualidad, el hangul se compone de diecinueve letras consonantes.

● ¿Cómo se contruyen las sílabas en el hangul?

En el hangul, cada sílaba debe estar compuesta por una vocal, en otras palabras, al igual que en español, las sílabas se forman en torno a un núcleo vocálico, el cual se puede combinar con una o más consonantes.

Veamos a continuación la forma en la que se componen las sílabas en hangul. Para ello, utilizaremos la letra 'V' para representar las vocales y la letra 'C' para representar las consonantes.

1   **Cuando una sílaba está constituida por una vocal sin ninguna consonante.**
En el hangul las vocales se clasifican en dos tipos: vocales verticales (vocales que se escriben a la derecha de la consonante inicial) y vocales horizontales (vocales que se escriben debajo de la consonante inicial).

V   아   우

2   **Cuando la sílaba está constituida por una consonante seguida de una vocal.**

C V   나   누

3   **Cuando la sílaba está constituida por una vocal seguida de una consonante.**
La consonante final de una sílaba se denomina "받침" (batchim) para distinguirla de la consonante inicial.

V
C   안   운

4   **Cuando la sílaba está constituida por una vocal entre dos consonantes.**
Las vocales pueden ir precedidas o seguidas por consonantes. Las sílabas en coreano pueden terminar tanto en una en como dos consonantes (batchim), pero solo se pronuncia una de ellas.

C V
C   난   눈   밖   닭

* Aunque en la mayoría de los casos solo suele haber una única consonante final, hay casos en los que la vocal va seguida por dos consonantes.

● ¿Cómo se escriben las letras del hangul?

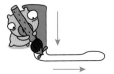

Para escribir las letras del hangul, se deben seguir dos sencillas normas. La primera es que se debe escribir de arriba a abajo. La segunda es que se debe escribir de izquierda a derecha.

● ¿Cómo se pronuncian las palabras inglesas en coreano?

En coreano, todas las consonantes se pronuncian con un apoyo vocálico, por lo que una sílaba no puede estar constituida solo por una consonante.

Por eso, al escribir o pronunciar las palabras inglesas en coreano, es habitual utilizar la vocal '一' para pronunciar las consonantes que no tienen apoyo vocálico en inglés. Por ejemplo, la palabra "love" se escribe y se pronuncia en dos sílabas apoyándose cada consonante en una vocal: 러-브.

Por su parte, la palabra "skirt", que en inglés es monosilábica porque cuenta con una única vocal, en coreano se pronuncia como una palabra trisilábica: 스-커-트.

En las próximos cuatro unidades, analizaremos con mayor detalle cómo se escriben las consonantes y las vocales dentro de la grafía de la sílaba.

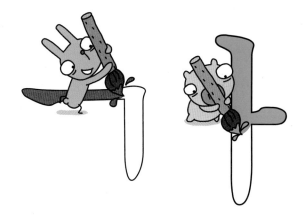

Hangul 1

- Las seis vocales simples ㅏ ㅓ ㅗ ㅜ ㅡ ㅣ
- Las cinco consonantes simples ㄱ ㄴ ㅁ ㅅ ㅇ

Las siguientes son las seis vocales simples.

 [a], como en "sala"

 [ə], se pronuncia como la [o] pero con la boca más abierta, como la palabra inglesa "honest"

 [o], como en "poco"

 [u], como en "bus"

 [ɯ], se pronuncia como la [u] pero sin redondear los labios, como en la palabra inglesa "taken"

 [i], como en "fin"

● La consonante muda 'ㅇ'

En coreano, una sílaba puede estar constituida únicamente por una vocal, pero cuando se pone por escrito es necesario añadir la consonante 'ㅇ' a la izquierda de la vocal. En posición inicial, la consonante 'ㅇ' es siempre muda y sería equivalente a la 'h' española.

● Las vocales verticales y horizontales

Las vocales que se forman a partir del radical ' ㅣ ', en concreto ' ㅏ ', ' ㅓ ' e ' ㅣ ', se consideran vocales verticales, mientras que aquellas formadas por el radical ' ㅡ ', en concreto ' ㅗ ', ' ㅜ ' y ' ㅡ ', son vocales horizontales. Las vocales verticales se colocan a la derecha de las consonantes, incluida la muda ' ㅇ ', mientras que las vocales horizontales se colocan debajo de las consonantes.

Vocal vertical

(La consonante inicial se ubica a la izquierda de la vocal.)

Vocal horizontal

(La consonante inicial se ubica encima de la vocal.)

La pronunciación de cada vocal difiere en el grado de apertura de la boca y en la posición de la lengua. En las siguientes imágenes se muestra cómo se articulan las seis vocales simples.

Pista 001

abierta

redondeada

plana

| | 이 | 이 | 이 |
| diente | | | |

| | 이 | 이 | 이 |
| dos | | | |

| | 오 | 오 | 오 |
| cinco | | | |

| | 아이 | 아이 | 아이 |
| niño | | | |

| | 오이 | 오이 | 오이 |
| pepino | | | |

[g] como en "amigo" (Consonante inicial: como en "kilo", pero más suave)

 [n] como en "nadie"

 [m] como en "mano"

 [s] como en "sala", y a veces como la [ʃ] inglesa de "sheet"

 [ø] sin sonido

Articulación de las consonantes

Como se ha indicado anteriormente, las grafías de las consonantes simples imitan la posición de los órganos que se usan en la articulación del sonido que representan: la lengua, los labios o la garganta.

La forma de 'ㄱ' imita la posición que adopta la lengua cuando se pronuncian los sonidos [k] y [g].

La forma de 'ㄴ' imita la posición que adopta la lengua cuando se pronuncia el sonido [n].

La forma de 'ㅁ' imita la posición que adopta la boca cuando se pronuncia el sonido [m].

La forma de 'ㅅ' imita el trayecto del aire cuando se pronuncia el sonido [s] o [ʃ].

La forma de 'ㅇ' imita la posición de la forma de la garganta cuando está abierta.

Para escribir una sílaba compuesta por una consonante y una vocal, solo hay que sustituir '○' por la consonante que se quiera usar.

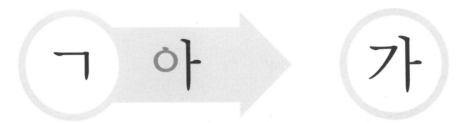

Cuando 'ㄱ' va con una vocal horizontal, se escribe casi como un ángulo recto (Ej. 고, 구, 그). Cuando 'ㄱ' va con una vocal vertical, se escribe con la parte inferior curvada hacia la izquierda (Ej. 가, 거, 기).

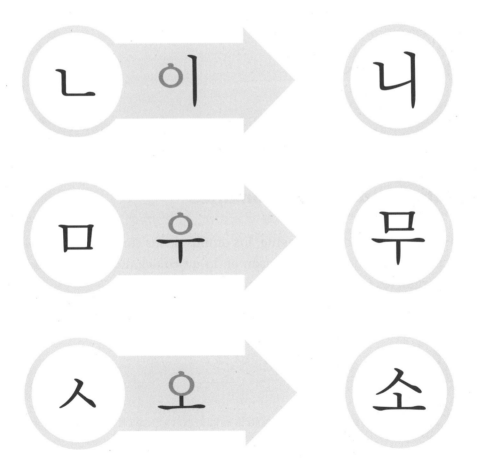

Cuando la consonante 'ㅅ' va con las vocales 'ㅣ', 'ㅑ', 'ㅕ', 'ㅛ' o 'ㅠ', se pronuncia como la [ʃ] inglesa.

나무
나무

árbol

고기
고기

carne

소
소

vaca

나이
나이

edad

어머니
어머니

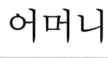

madre

가수
가수

cantante

▶ Escuche el audio e indique con un círculo (O) si las siguientes letras se corresponden con los sonidos que escuche, y con una equis (X) si no se corresponden. (1~3)

Pista 005

1   어   (   )

2   그   (   )

3   노   (   )

▶ Escuche el audio e indique la respuesta correcta. (4~7)

Pista 006

4   ⓐ 아   　ⓑ 어   　ⓒ 오   　ⓓ 우

5   ⓐ 나   　ⓑ 너   　ⓒ 노   　ⓓ 누

6   ⓐ 모   　ⓑ 머   　ⓒ 므   　ⓓ 미

7   ⓐ 소   　ⓑ 서   　ⓒ 스   　ⓓ 시

▶ Escuche el audio e indique la respuesta correcta. (8~10)

Pista 007

8   ⓐ 머리   　ⓑ 모리

9   ⓐ 거기   　ⓑ 고기

10   ⓐ 나무   　ⓑ 너무

▶ Escuche el audio y complete las siguientes palabras. (11~14)

Pista 008

11   [　] 이

12   [　]

13   [　] 수

14   나 [　]

Respuestas en pág. 275

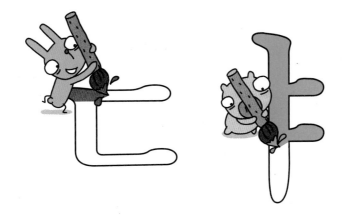

Hangul 2

- Los cuatro diptongos con [i] ㅑ ㅕ ㅛ ㅠ

- Cinco consonantes más ㄷ ㄹ ㅂ ㅈ ㅎ

- Las diez consonantes finales ㄱ ㄴ ㄹ ㅁ ㅂ
  ㅇ ㄷ ㅅ ㅈ ㅎ

Las vocales elementales '上', '十', '⊥', '丅' pueden combinarse con la vocal [i] y formar los diptongos '上', '十', '⊥', '丅' respectivamente. Para pronunciar los diptongos, la forma de la boca y de la lengua es la misma que cuando se pronuncian sus correspondientes vocales simples.

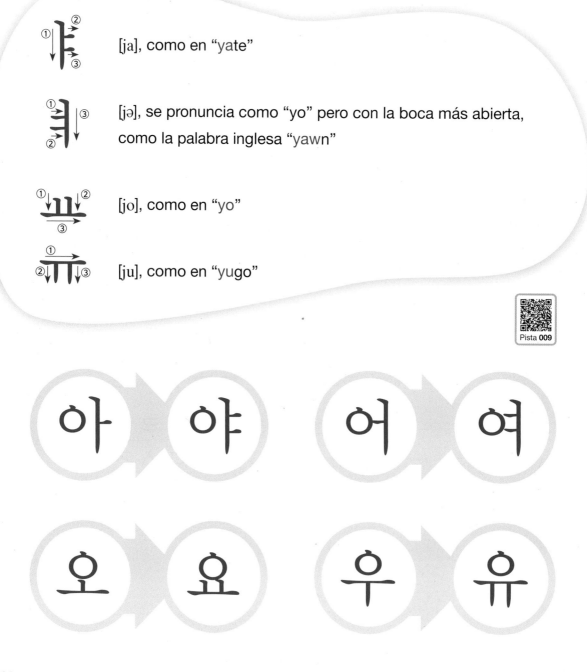

[ja], como en "yate"

[jə], se pronuncia como "yo" pero con la boca más abierta, como la palabra inglesa "yawn"

[jo], como en "yo"

[ju], como en "yugo"

Pista 009

아 야 어 여

오 요 우 유

Pista 010

우유

우유

leche

여기

여기

aquí

야구

야구

béisbol

아니요

아니요

no

여우

여우

zorro

가요

가요

ir

Las siguientes cuatro consonantes se asemejan a las consonantes simples, pero se les ha añadido algún trazo más. Por ejemplo, las letras 'ㄷ' y 'ㄹ' se formaron a partir de 'ㄴ', la letra y 'ㅂ' proviene de 'ㅁ', y la letra 'ㅈ' es una variación de 'ㅅ'.

 [d], como la 'd' en "dato" (Consonante inicial: como la 't' en "pata", pero más suave)

 [l], como en "cielo"
[ɾ], como en "faro"

 [b], como la 'b' en "barco" (Consonante inicial: como la 'p' en "pie", pero más suave)

 [dʒ], como en la palabra inglesa "juice"

 [h], una suave aspiración, como en la palabra inglesa "house"

Pista 011

ㄷ 오 → 도

ㄹ 우 → 루

ㅂ 아 → 바

ㅈ 이 → 지

ㅎ 어 → 허

Pista 012

머리

머리

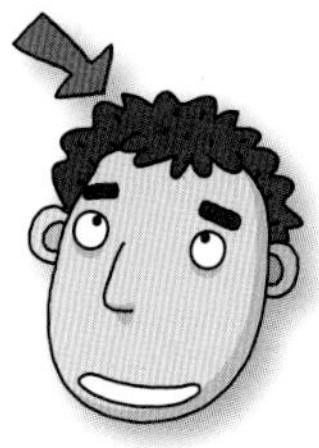

cabeza

구두

구두

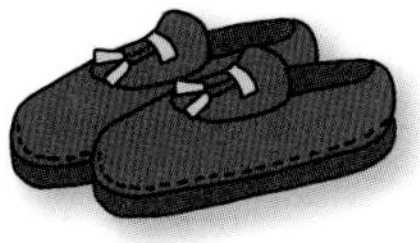

zapato

지도

지도

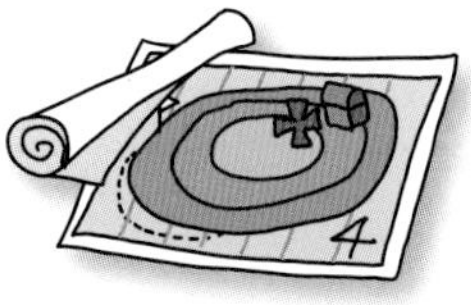

mapa

바다

바다

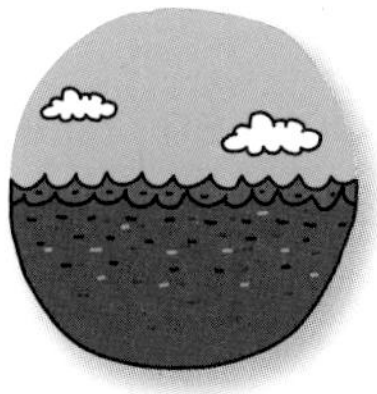

mar

아버지

아버지

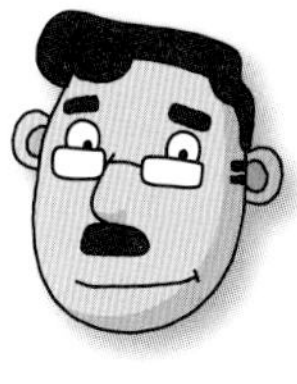

padre

하나

하나

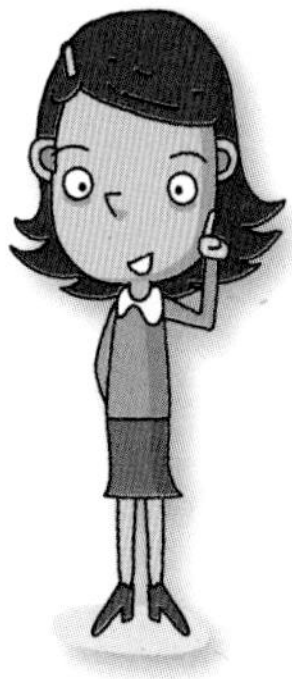

uno

Las diez consonantes finales

Las consonantes que aparecen en posición final de sílaba se denominan "받침" (batchim) y ocupan gráficamente la posición inferior dentro de la sílaba. En la mayoría de los casos, la pronunciación de la consonante en posición final es la misma que en posición inicial. Sin embargo, la letra 'ㅇ', que es muda en posición inicial, se pronuncia en posición final como el dígrafo [ng] en inglés. Por su parte, las consonantes 'ㄷ', 'ㅅ', 'ㅈ' y 'ㅎ' se pronuncian [t] en posición final.

ㄱ	[k], como en "doctor"
ㄴ	[n], como en "bien"
ㄹ	[l], como en "miel"
ㅁ	[m], como en "hambre"
ㅂ	[p], como en "apto"
ㅇ	[ŋ], como en la palabra inglesa "ring"
ㄷ = ㅅ = ㅈ = ㅎ	[t], como en la palabra inglesa "set"

Es importante recordar que en coreano solo hay siete pronunciaciones consonánticas posibles en posición final de sílaba.

Pista 013

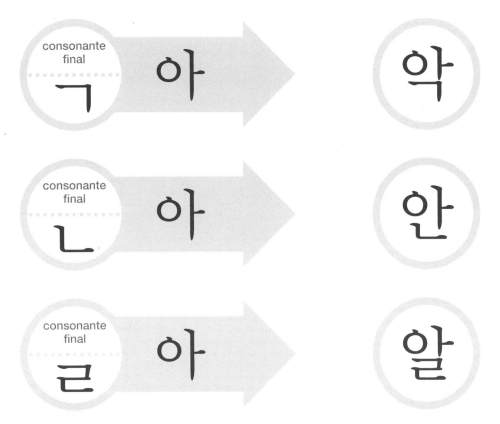

Cuando '근' se encuentra entre dos vocales (Ej. 머리), se pronuncia de manera parecida a la vibrante simple [ɾ].
Cuando '근' es un sonido final (Ej. 알), se pronuncia de manera similar a la lateral alveolar [ℓ].

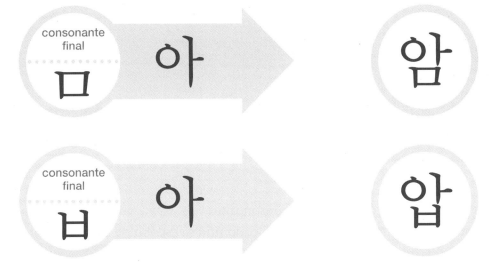

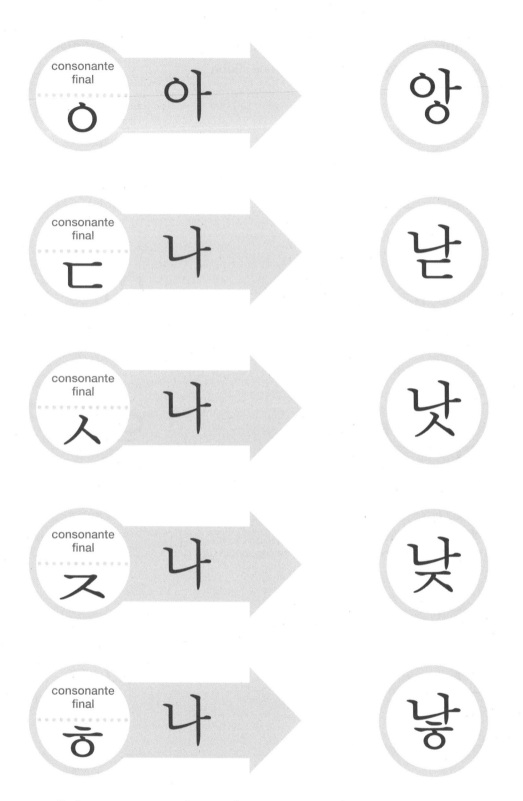

Es importante recordar que las consonantes 'ㄷ, ㅅ, ㅈ, ㅎ' en posición final de sílaba se pronuncian igual, aunque cada una se escriba de manera diferente.

Pista 014

물

물

agua

집

집

casa

미국

미국

Estados Unidos

남자

남자

varón

안경

안경

gafas

옷

옷

ropa

▶ Escuche el audio e indique la respuesta correcta. (1~8)

Pista 015

1 ⓐ 요가　　ⓑ 여가　　　2 ⓐ 유리　　ⓑ 여리

3 ⓐ 논　　　ⓑ 돈　　　　4 ⓐ 몸　　　ⓑ 봄

5 ⓐ 거리　　ⓑ 허리　　　6 ⓐ 수소　　ⓑ 주소

7 ⓐ 짐　　　ⓑ 집　　　　8 ⓐ 사람　　ⓑ 사랑

▶ Escuche el audio e indique la sílaba que falta en cada palabra. (9~14)

Pista 016

9 　□다　　ⓐ 마　　ⓑ 바　　ⓒ 나　　ⓓ 다

10 □구　　ⓐ 야　　ⓑ 여　　ⓒ 요　　ⓓ 유

11 구□　　ⓐ 더　　ⓑ 도　　ⓒ 두　　ⓓ 드

12 아□지　ⓐ 바　　ⓑ 버　　ⓒ 보　　ⓓ 부

13 가□　　ⓐ 반　　ⓑ 밤　　ⓒ 박　　ⓓ 방

14 □자　　ⓐ 난　　ⓑ 남　　ⓒ 낙　　ⓓ 낭

▶ Escuche el audio y complete las siguientes palabras. (15~20)

Pista 017

15 　□ 리　　　　16 　□ 유

17 ㅏ 리　　　　18 ㅏ ㅣ

19 무 거　　　　20 하 구

Respuestas en pág. 275

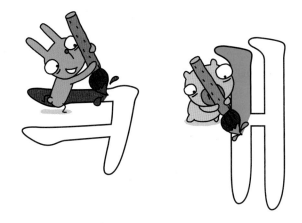

Hangul 3

- Las cuatro vocales compuestas ㅐ ㅔ ㅒ ㅖ

- Las cuatro consonantes aspiradas ㅋ ㅌ ㅍ ㅊ

- Otras cuatro consonantes finales ㅋ ㅌ ㅍ ㅊ

Las siguientes vocales tienen una pronunciación muy parecida.

① ③② ↓ [æ], como en la palabra inglesa "and"

①② ④③ [jæ], como en la palabra inglesa "Yale"

③①② [e], como en "dedo"

①② ③④ [je], como en "diente"

La vocal ' ㅐ 'es una combinación de las vocales ' ㅏ ' e ' ㅣ ' (ㅏ + ㅣ = ㅐ). De igual manera, la vocal ' ㅔ 'proviene de la combinación de las vocales ' ㅓ ' e ' ㅣ ' (ㅓ + ㅣ = ㅔ). En teoría, las vocales ' ㅐ ' y ' ㅔ ' representan dos sonidos diferentes, pero en la lengua oral actual suelen pronunciarse de manera prácticamente idéntica. Esta combinación también tiene lugar con los diptongos ' ㅑ ' y ' ㅕ ', teniendo como resultado los diptongos ' ㅒ ' y ' ㅖ '.

Pista 018

ㅏ + ㅣ　　애

ㅓ + ㅣ　　에

애　　얘

에　　예

No resulta fácil distinguir la pronunciación de estos sonidos vocálicos en las conversaciones cotidianas, por lo que a efectos prácticos, suele resultar más sencillo para los extranjeros que las pronuncien de igual manera, ' ㅐ ' y ' ㅔ ' como 'e', y ' ㅒ ' y ' ㅖ ' como 'ye'.

노래

노래

canción

아내

아내

esposa

가게

가게

tienda

어제

어제

ayer

시계

시계

reloj

얘기

얘기

charla

Las consonantes 'ㅋ', 'ㅌ', 'ㅍ', y 'ㅊ' se basan en las consonantes 'ㄱ', 'ㄷ', 'ㅂ', y 'ㅈ' a las que se ha añadido un trazo más para indicar que se deben pronunciar de manera aspirada, es decir, con un fuerte golpe de aire. Por ello, 'ㅋ' se basa en 'ㄱ', 'ㅌ' se basa en 'ㄷ', 'ㅍ' se basa en 'ㅂ', y 'ㅊ' se basa en 'ㅈ'.

 Se pronuncia como una 'k' aspirada, como en la palabra inglesa "kite"

 Se pronuncia como una 't' aspirada, como en la palabra inglesa "tiger"

 Se pronuncia como una 'p' aspirada, como en la palabra inglesa "peace"

 Se pronuncia como una 'ch' aspirada, como en "chico" pero con más fuerza

Pista 020

Cuando va acompañada de una vocal horizontal, la consonante 'ㅋ' se escribe casi como un ángulo de 90º; por ejemplo, 코, 쿠, 크. Sin embargo, cuando va acompañada de una vocal vertical, la parte inferior de la consonante 'ㅋ' se curva un poco hacia la izquierda; por ejemplo, 카, 커, 키.

ㅌ 오 → 토

ㅍ 어 → 퍼

ㅊ 우 → 추

Fijémonos cómo se pronuncian las siguientes sílabas en hangul.

Pista 021

가 카 　 도 토

버 퍼 　 즈 츠

지하철
지하철

metro

표
표

billete

토요일
토요일

sábado

코
코

nariz

커피
커피

Café

주차장
주차장

establecimiento,
parqueadero

Cuando estas consonantes se encuentran en posición final de sílaba, se pronuncian de la siguiente manera:

ㅋ = ㄱ   [k]

ㅍ = ㅂ   [p]

ㅌ = ㄷ   [t]

ㅊ = ㅈ = ㄷ   [t]

  →

consonante final

ㅋ + 어 → 억

consonante final

ㅍ + 아 → 앞

Pista 023

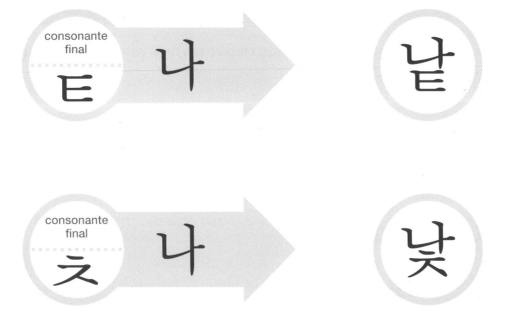

Aunque las palabras 난, 낱, 낫, 낮, 낯 y 낳 se escriban de manera diferente, se pronuncian de la misma forma.

Fijémonos cómo se pronuncian las siguientes sílabas en hangul.

Pista 024

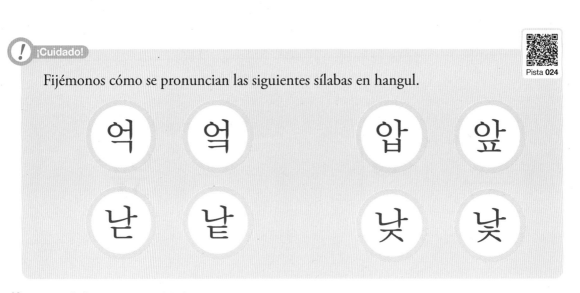

국

국

sopa

부엌

부엌

cocina

빗

빗

peine

빛

빛

luz

입

입

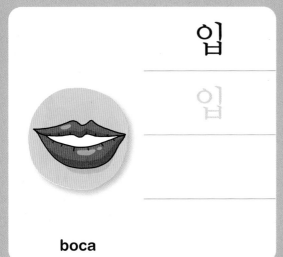

boca

잎

잎

hoja

▸ Escuche el audio e indique la respuesta correcta. (1~6)

1 ⓐ 보도   ⓑ 포도   2 ⓐ 누리   ⓑ 두리

3 ⓐ 만금   ⓑ 만큼   4 ⓐ 기자   ⓑ 기차

5 ⓐ 여리   ⓑ 예리   6 ⓐ 애기   ⓑ 애기

▸ Escuche el audio e indique la sílaba que falta en cada palabra. (7~10)

7 김☐   ⓐ 시   ⓑ 지   ⓒ 치   ⓓ 히

8 ☐도   ⓐ 모   ⓑ 보   ⓒ 포   ⓓ 호

9 ☐기   ⓐ 그   ⓑ 크   ⓒ 구   ⓓ 쿠

10 ☐수   ⓐ 드   ⓑ 트   ⓒ 두   ⓓ 투

▸ Elija la sílaba que se pronuncie de manera diferente y compruebe la respuesta escuchando el audio. (11~13)

11 ⓐ 빗   ⓑ 빕   ⓒ 빚   ⓓ 빛

12 ⓐ 믹   ⓑ 믿   ⓒ 밑   ⓓ 및

13 ⓐ 순   ⓑ 숫   ⓒ 숯   ⓓ 숲

▸ Escuche el audio y complete las siguientes palabras. (14~19)

14 ㅖ ㅡ   15 ㅖ ㅏ

16 ㅏ ㅖ ㅏ   17 ㅓ ㅠ ㅓ

18 ㅍ   19 ㅊ

Respuestas en pág. 275

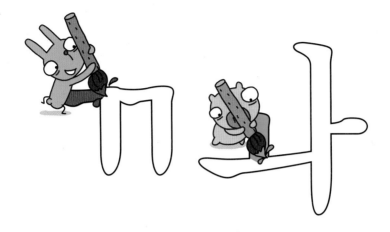

Hangul 4

Las siguientes siete grafías representan diptongos:

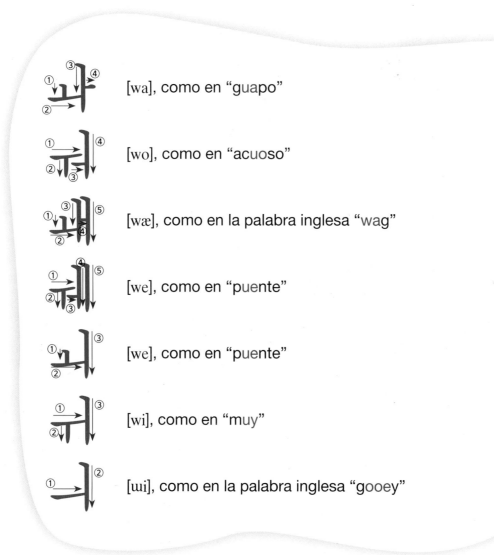

[wa], como en "guapo"

[wo], como en "acuoso"

[wæ], como en la palabra inglesa "wag"

[we], como en "puente"

[we], como en "puente"

[wi], como en "muy"

[ɰi], como en la palabra inglesa "gooey"

El sonido del diptongo 'ㅢ' se pronuncia de manera parecida a la palabra inglesa "gooey", pero en una única sílaba. Esta palabra inglesa tiene dos sílabas pero si la pronunciamos en una sola sílaba, estaremos cerca del diptongo coreano 'ㅢ'.

ㅗ + ㅏ　와

ㅜ + ㅓ　워

ㅗ + ㅐ　왜

ㅜ + ㅔ　웨

ㅗ + ㅣ　외

ㅜ + ㅣ　위

ㅡ + ㅣ　의

Pista 031

사과

사과

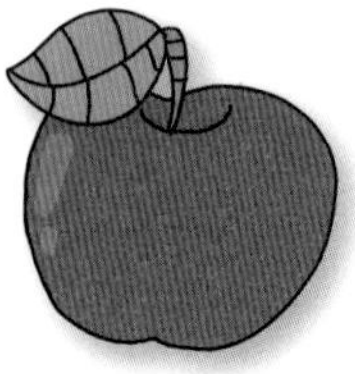

manzana

돼지

돼지

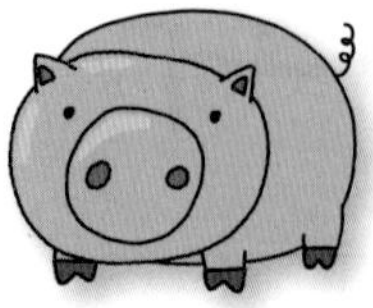

cerdo

병원

병원

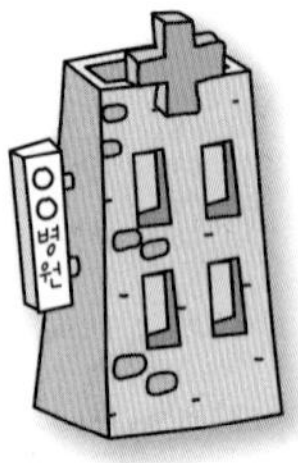

hospital

외국인

외국인

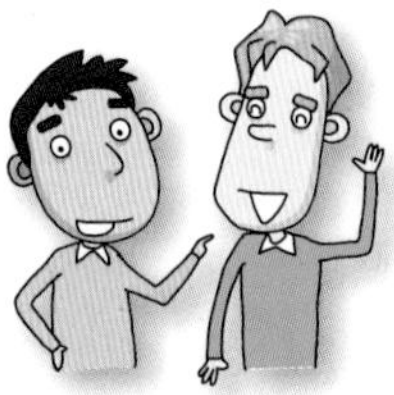

extranjero

귀

귀

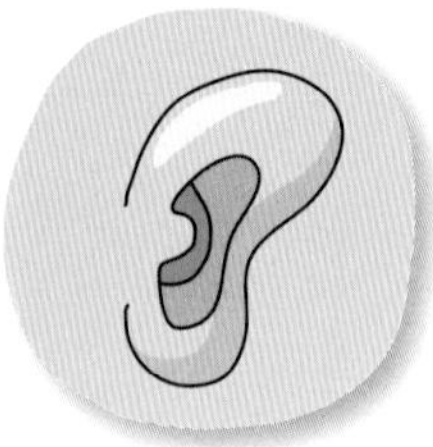

oreja

의자

의자

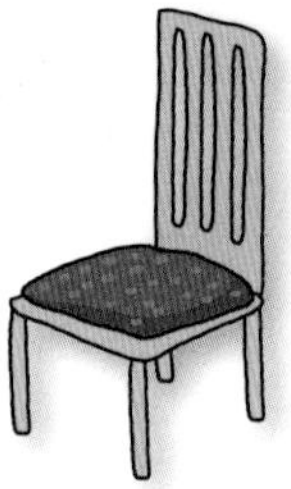

silla

Estas letras se escriben duplicando una consonante y su pronunciación es casi igual a esta salvo por el hecho de que su articulación es más tensa. La consonante 'ㄲ' se basa en 'ㄱ', la consonante 'ㅃ' se basa en 'ㅂ', la consonante 'ㄸ' se basa en 'ㄷ', la consonante 'ㅆ' se basa en 'ㅅ' y la consonante 'ㅉ' se basa en 'ㅈ'.

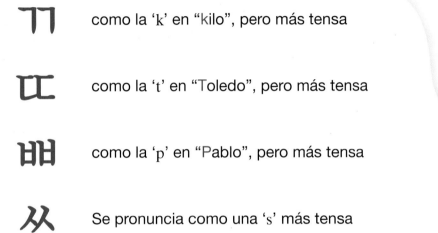

ㄲ como la 'k' en "kilo", pero más tensa

ㄸ como la 't' en "Toledo", pero más tensa

ㅃ como la 'p' en "Pablo", pero más tensa

ㅆ Se pronuncia como una 's' más tensa

ㅉ Se pronuncia como una 'ch' más suave pero más tensa

Pista 032

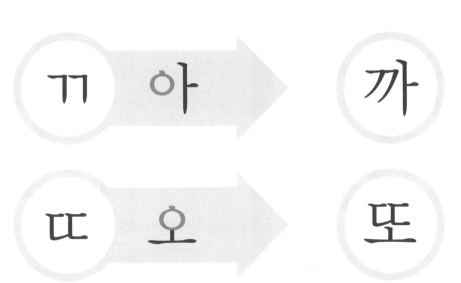

ㄲ + 아 → 까

ㄸ + 오 → 또

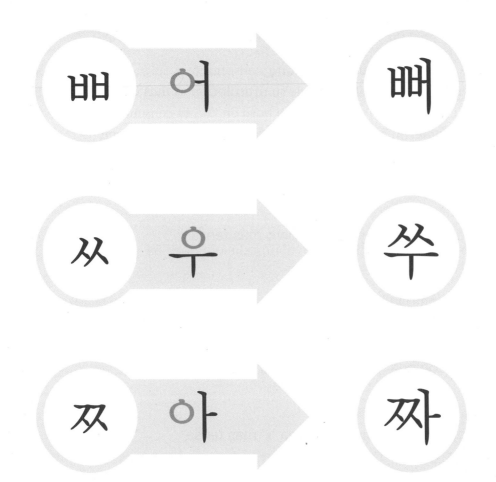

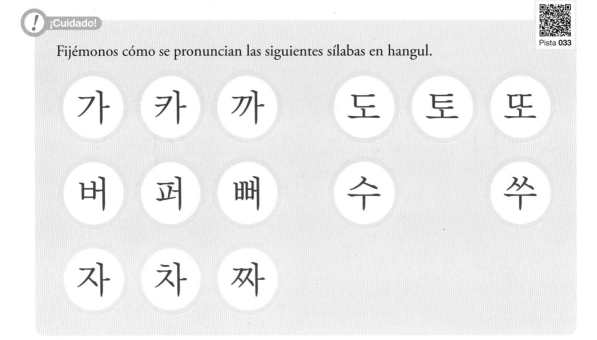

빵

빵

pan

어깨

어깨

hombro

땀

땀

sudor

토끼

토끼

conejo

비싸요

비싸요

ser caro/a(s)

짜요

짜요

estar salado/a(s)

Otras dos consonantes finales

Cuando las consonantes 'ㄲ' y 'ㅆ' se encuentran en posición final de sílaba, se pronuncian de la siguiente manera:

ㄲ = ㅋ = ㄱ [k]

ㅆ = ㅅ = ㄷ [t]

Pista 035

consonante final ㄲ + 바 → 밖

consonante final ㅆ + 가 → 갔

Consonantes conjuntas finales

En algunos casos, es posible encontrar dos consonantes diferentes en posición final de sílaba, lo que se denomina consonantes conjuntas finales. En estos casos, solo una de las consonantes se pronuncia, en ciertos casos se pronuncia la primera y, en otros, la segunda.

En el caso de las consonantes conjuntas finales 'ㄵ', 'ㄶ', 'ㄼ', 'ㅄ' solo la primera consonante se pronuncia.

앉다 않다 여덟 값

En el caso de las consonantes conjuntas finales 'ㄺ', 'ㄻ' solo la segunda consonante se pronuncia.

닭 삶

밖

밖

fuera

갔다

갔다

**tiempo pasado
del verbo "가다(ir)"**

닭

닭

pollo

여덟

여덟

ocho

값

값

precio

앉다

앉다

sentarse

Autoevaluación

▶ Escuche el audio e indique la respuesta correcta. (1~5)

1 ⓐ 자요   ⓑ 차요   ⓒ 짜요

2 ⓐ 달   ⓑ 탈   ⓒ 딸

3 ⓐ 방   ⓑ 팡   ⓒ 빵

4 ⓐ 외   ⓑ 위   ⓒ 와

5 ⓐ 의자   ⓑ 위자   ⓒ 외자

▶ Escuche el audio e indique la sílaba que falta en cada palabra. (6~10)

6 아☐   ⓐ 마   ⓑ 바   ⓒ 파   ⓓ 빠

7 ☐요   ⓐ 사   ⓑ 자   ⓒ 싸   ⓓ 짜

8 더☐요   ⓐ 오   ⓑ 어   ⓒ 우   ⓓ 워

9 ☐자   ⓐ 궈   ⓑ 과   ⓒ 궤   ⓓ 괘

10 ☐사   ⓐ 호   ⓑ 회   ⓒ 후   ⓓ 휘

▶ Escuche el audio y complete las siguientes palabras. (11~16)

11 | ㅇ | ㅈ |

12 | ㅅ | ㄱ |

13 | ㅗ | ㅏ |

14 | ㅏ | ㅣ |

15 | ㅈ | ㅊ |

16 | ㅁ | ㄹ |

Respuestas en pág. 275

Las veintiún vocales

simple	diptongo con [i]		simple	diptongo con [i]
ㅏ	ㅑ		ㅓ	ㅕ
[a] sala	[ja] yate		[ə] honest	[jə] yawn
ㅗ	ㅛ		ㅜ	ㅠ
[o] poco	[jo] yo		[u] bus	[ju] yugo
ㅡ			ㅣ	
[ɯ] taken			[i] fin	
ㅐ	ㅒ		ㅔ	ㅖ
[æ] and	[jæ] Yale		[e] dedo	[je] diente

vocales de sonido [w]		otra
ㅘ	ㅝ	
[wa] guapo	[wo] acuoso	
ㅙ	ㅞ	ㅢ
[wæ] wag	[we] puente	[ɯi] gooey
ㅚ	ㅟ	
[we] puente	[wi] muy	

● Diecinueve consonantes

Según el flujo del aire
- consonantes simples (pronunciadas sin aspiración ni tensión)
  pronunciación que no exige un gran flujo de aire
- consonantes aspiradas
  pronunciación que exige un gran flujo de aire
- consonantes tensas
  pronunciación que requiere una mayor tensión de la lengua y las cuerdas vocales pero un menor flujo de aire

modo de articulación	punto de articulación	bilabiales (producidas por el contacto de los labios)		alveolares (producidas por el contacto de la punta de la lengua con los alveolos [=parte trasera de la base de los dientes superiores])	
oclusivas (producidas por la obstrucción del flujo de aire y su posterior liberación)	simples	ㅂ	[b] barco [p] pie	ㄷ	[d] dato [t] pata
	aspiradas	ㅍ	[p] peace	ㅌ	[t] tiger
	tensas	ㅃ	[pp] Pablo (más tensa)	ㄸ	[tt] Toledo (más tensa)
fricativas (producidas por la fricción del paso de un flujo de aire por una estrecha abertura)	simples			ㅅ	[s] sala [ʃ] sheet (seguida de ㅣ, ㅑ, ㅕ, ㅛ y ㅠ)
	tensas			ㅆ	[ss] sang (con la garganta tensa)
africadas (producidas por la obstrucción del flujo de aire y su posterior liberación a través de una estrecha abertura)	simples				
	aspiradas				
	tensas				
nasales (producidas por la fricción del paso de un flujo de aire por una estrecha abertura)		ㅁ	[m] mano	ㄴ	[n] nadie
líquidas [ɾ] (producida por un toque rápido de la punta de la lengua contra los alveolos [=parte trasera de la base de los dientes superiores]) [ℓ] (producida al colocar la punta de la lengua contra los alveolos que hace que el flujo del aire salga por los lados de la lengua)				ㄹ	[ɾ] faro [ℓ] cielo

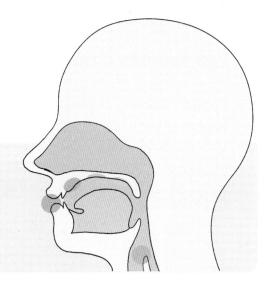

palatales (producidas por el contacto del dorso de la lengua con el paladar duro)		velares (producidas por el contacto de la parte posterior de la lengua con el paladar blando [=velo del paladar])		glotales (producidas por el contacto de la glotis [=parte más estrecha de la laringe])	
		ㄱ	[g] ami**g**o [k] **k**ilo		
		ㅋ	[k] **k**ite		
		ㄲ	[kk] **k**ilo (más tensa)		
				ㅎ	[h] **h**ouse
ㅈ	[dʒ] **j**uice				
ㅊ	[ch] **ch**ico				
ㅉ	[jj] got**ch**a!				
		ㅇ	[ŋ] ri**ng** (solo en posición final de sílaba)		

Los sonidos consonánticos de final de sílaba

Aunque cualquier consonante puede aparecer en posición final de sílaba, algunas consonantes pierden su pronunciación de posición inicial, por lo que los sonidos consonánticos finales se reducen a siete.

[p]	ㅂ	입	ㅍ	잎		
[m]	ㅁ	님				
[n]	ㄴ	산				
[ℓ]	ㄹ	물				
[k]	ㄱ	국	ㅋ	부엌	ㄲ	밖
[ŋ]	ㅇ	강				
[t]	ㄷ	듣다	ㅌ	끝		
	ㅅ	빗			ㅆ	갔다
	ㅈ	빚	ㅊ	빛		
	ㅎ	낳다				

Comparación del coreano y del español

Detengámonos un momento para señalar algunas de las principales diferencias que hay entre el coreano y el español.

1. El verbo se ubica al final de la frase.

> 마크(Mark) 음식(comida) 먹어요(come).

A diferencia del español, en coreano el verbo siempre se encuentra al final de la frase. El orden es: sujeto, complemento y verbo.

2. El coreano se declina por medio de una serie de partículas.

> **partícula de sujeto**   **partícula de complemento directo**
>
> 마크(Mark)가 음식(comida)을 먹어요(come).
>   quién   qué

Aunque el verbo siempre ha de ir al final, el coreano es bastante libre en lo que se refiere al orden de las palabras. Esto se debe a que, a diferencia del español, el coreano cuenta con un sistema de partículas nominales que indican la función gramatical (sujeto, complemento directo, etc.) de cada sustantivo en la frase.

3. El orden de las palabras en las frases enunciativas y en las interrogativas es el mismo.

> Pregunta   마크(Mark)가 뭐(qué)   먹어요(come)?
>
> Respuesta   마크(Mark)가 음식(comida)을 먹어요(come).

En coreano, el orden de las palabras es exactamente el mismo cuando se pregunta y cuando se contesta. No obstante, las frases interrogativas suelen terminar en un tono ascendente, mientras que las frases enunciativas lo hacen en un tono descendente.

Tabla de pronunciación del hangul

Consonantes Vocales	ㄱ	ㄴ	ㄷ	ㄹ	ㅁ	ㅂ
ㅏ	가	나	다	라	마	바
ㅑ	갸	냐	댜	랴	먀	뱌
ㅓ	거	너	더	러	머	버
ㅕ	겨	녀	뎌	려	며	벼
ㅗ	고	노	도	로	모	보
ㅛ	교	뇨	됴	료	묘	뵤
ㅜ	구	누	두	루	무	부
ㅠ	규	뉴	듀	류	뮤	뷰
ㅡ	그	느	드	르	므	브
ㅣ	기	니	디	리	미	비

ㅅ	ㅇ	ㅈ	ㅊ	ㅋ	ㅌ	ㅍ	ㅎ
사	아	자	차	카	타	파	하
샤	야	쟈	챠	캬	탸	퍄	햐
서	어	저	처	커	터	퍼	허
셔	여	져	쳐	켜	텨	펴	혀
소	오	조	초	코	토	포	호
쇼	요	죠	쵸	쿄	툐	표	효
수	우	주	추	쿠	투	푸	후
슈	유	쥬	츄	큐	튜	퓨	휴
스	으	즈	츠	크	트	프	흐
시	이	지	치	키	티	피	히

¡Conoce a los personajes principales!

제인 **Jane**
canadiense
profesora de inglés

지나 **Jina**
coreana
estudiante de posgrado
amiga de Paul

폴 **Paul**
australiano
estudiante universitario

진수 **Jinsu**
coreano
empleado de una
compañía
amigo de Mark

메이 **Mei**
china
estudiante de
intercambio en una
universidad coreana

유진 **Yujin**
coreana
estudiante unversitaria
alumna de James

제임스 **James**
británico
profesor de inglés

리에 **Rie**
japonesa
profesora de japonés
amiga de Jinsu

마크 **Mark**
estadounidense
empleado de una compañía

¡Comienza a aprender
coreano con nosotros!

Capítulo 1 안녕하세요? 저는 폴이에요.

- -예요/이에요 "ser"
- Los interrogativos 뭐 "qué, cuál" y 어느 "cuál"
- La partícula de tema 은/는
- Países y nacionalidades

- **-예요/이에요 "ser"**

Anexo pág. 267

Se emplea para identificar personas y objetos, de la misma manera que empleamos en español el verbo "ser" (Por ejemplo, "Soy Paul." o "Ella es doctora."). La forma -예요 se utiliza después de sustantivos terminados en vocal, mientras que -이에요 se usa tras sustantivos terminados en consonante.

Tras sustantivos terminados en vocal	Tras sustantivos terminados en consonate
제임스예요. Soy James.	폴이에요. Soy Paul.

- **El pronombre interrogativo 뭐 "qué / cuál"**

En español 뭐 equivaldría a "qué" y "cuál" en oraciones interrogativas.

A 이름이 뭐예요?   ¿Cuál es tu nombre?

B 마크예요.   Soy Mark.

! ¡Cuidado!

El pronombre interrogativo 뭐 se emplea con -예요 para hacer preguntas. 뭐예요 debe ubicarse al final de la frase interrogativa.

이름이 뭐예요? (o)
뭐 이름이에요? (x)

? Curiosidades

Aunque los coreanos suelen usar 뭐 en sus conversaciones cotidianas, prefieren emplear 무엇 cuando escriben.

이름이 뭐예요?   ¿Cuál es tu nombre?
                   [lenguaje coloquial]
이름이 무엇입니까? ¿Cuál es tu nombre?
                   [lenguaje escrito formal]

La partícula de tema 은/는

Esta partícula, tal y como su propio nombre indica, señala cuál es el tema de una frase, en oposición al rema. No todas las frases contienen esta partícula, sino solo aquellas en las que se quiere enfatizar el tema de la frase. De la misma manera que al presentar a alguien utilizamos las manos para señalar a quien nos referimos, esta partícula indica a quien nos referimos haciendo un mayor énfasis.

Tras sustantivos terminados en vocal	Tras sustantivos terminados en consonante
저는 폴이에요. Soy Paul. (Al identificarse uno mismo.)	선생님은 한국 사람이에요. El profesor es coreano. (Al referirse a la persona de la que se está hablando.)

Países y nacionalidades

Para formar las nacionalidades basta con añadir 사람 al nombre del país.

한국 Corea — 한국 사람 coreano/a

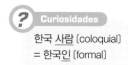

? Curiosidades

한국 <u>사람</u> [coloquial]
= 한국인 [formal]

El adjetivo interrogativo 어느 "cuál"

El interrogativo 어느 seguido por un sustantivo permite preguntar por algo o alguien dentro de una misma categoría.

A 어느 나라 사람이에요? 　　　　¿De qué país eres?

B 저는 <u>호주</u> 사람이에요. 　　　　Soy <u>australiano/a</u>.

Pista **041**

안녕하세요?

Ann	Hola.
Satoru	Hola.
Ann	¿Cuál es tu nombre?
Satoru	Soy Satoru. ¿Cuál es tu nombre?
Ann	Soy Ann. Encantada.
Satoru	Encantado.

앤   안녕하세요?

사토루   안녕하세요?

앤   이름이 뭐예요?

사토루   저는 사토루예요. 이름이 뭐예요?

앤   저는 앤이에요. 반갑습니다.

사토루   반갑습니다.

Nuevo vocabulario

이름 nombre

뭐 cuál, qué

저는 yo

Nuevas expresiones

안녕하세요? Hola.

이름이 뭐예요?
¿Cuál es tu nombre?

반갑습니다. Encantado/a.

---

claraciones

★ 안녕하세요? "Hola."

A pesar de tratarse de un saludo, este ha de pronunciarse como una pregunta, elevando la entonación al final de la frase. En caso de encontrarse con alguien por primera vez, es aconsejable hacer una ligera inclinación de cabeza hacia delante.

Pista 042

Mark	Hola. Soy Mark.
Yujin	Hola. Yo soy Yujin.
Mark	Yujin, ¿de qué país eres?
Yujin	Soy coreana. Mark, ¿de qué país eres?
Mark	Soy estadounidense.
	(La conversación continúa.)
Yujin	Hasta pronto.
Mark	Hasta pronto.

마크 　안녕하세요? 저는 마크예요.

유진 　안녕하세요? 저는 유진이에요.

마크 　유진 씨, 어느 나라 사람이에요?

유진 　저는 한국 사람이에요.

　　　　마크 씨, 어느 나라 사람이에요?

마크 　저는 미국 사람이에요.

　　　(La conversación continúa.)

유진 　다음에 또 봐요.

마크 　다음에 또 봐요.

Nuevo vocabulario

씨 don / doña

어느 qué, cuál

나라 país

사람 persona

한국 Corea

한국 사람 coreano/a

미국 EE. UU.

미국 사람 estadounidense

다음에 la próxima (vez)

또 otra vez

봐요 ver

Nuevas expresiones

어느 나라 사람이에요?
¿De qué país eres?

다음에 또 봐요.
¡Hasta pronto!

claraciones

★ **Uso del nombre propio en lugar de "tú"**

En coreano, no es de buena educación dirigirse a alguien a quien acabamos de conocer por medio del pronombre "tú". En su lugar, ha de usarse el nombre completo de la persona seguido de 씨 como muestra de respeto. Al tratarse de una forma de deferencia, nunca hemos de emplear 씨 para referirnos a nosotros mismos.

● 사람이에요 [사라미에요]

Cuando un sustantivo termina en consonante y el siguiente sustantivo comienza por vocal, ambos sonidos se pronuncian juntos. En otras palabras, la consonante se pronuncia como si fuera la consonante inicial de la sílaba que forma con esa vocal. Sin embargo, esto no ocurre cuando la consonante final es '○', que se pronuncia como [ng] en inglés.

(1) 폴이에요 [포리에요]

(2) 선생님이에요 [선생니미에요]

(3) 가방이에요 [가방이에요]

Vocaburario adicional

Pista **044**

아시아	Asia
1 한국	Corea (del Sur)
2 일본	Japón
3 중국	China
4 인도네시아	Indonesia
5 베트남	Vietnam
6 인도	India

오세아니아	Oceanía
7 호주	Australia
8 뉴질랜드	Nueva Zelanda

유럽	Europa
9 영국	Reino Unido
10 독일	Alemania
11 프랑스	Francia
12 스페인	España
13 이탈리아	Italia
14 러시아	Rusia

아프리카	África
15 가나	Ghana
16 남아프리카 공화국	Sudáfrica

아메리카	América
17 캐나다	Canadá
18 미국	Estados Unidos
19 멕시코	México
20 브라질	Brasil
21 아르헨티나	Argentina
22 칠레	Chile
23 페루	Perú
24 콜롬비아	Colombia
25 베네수엘라	Venezuela

Pista **045**

Saludos y despedidas

A Hola.

B Hola.

Al encontrarse con alguien por primera vez, es aconsejable acompañar este saludo con una ligera inclinación de cabeza como muestra de respeto.

A Adiós.

B Adiós.

Esta despedida se emplea cuando se abandona el lugar del encuentro.

A Adiós.

B Adiós.

Si permanecemos en el lugar del encuentro, debemos decir 안녕히 가세요 a la persona que se va. Por el contrario, la persona que se va debe, despedirse diciéndole 안녕히 계세요 a la persona que se queda.

Gramática

▶ Señale la opción correcta como en el ejemplo. (1~3)

이름이 뭐예요?

Ej. 저는 폴(예요. / ⟨이에요.⟩)

1 저는 지나(예요. / 이에요.)

2 저는 제임스(예요. / 이에요.)

3 저는 앤(예요. / 이에요.)

▶ Mire el dibujo y complete las frases como en el ejemplo. (4~6)

어느 나라 사람이에요?

Ej. 저는 __호주__ 사람이에요.

4 저는 _____ 사람이에요.

5 저는 _____.

6 _____.

▶ Complete los huecos de los diálogos. (7~8)

7 A 이름이 _____예요?

   B 민수예요.

8 A _____ 사람이에요?

   B 한국 사람이에요.

Comprensión auditiva

▶ Escuche el audio y relacione cada una de estas personas con el nombre y la nacionalidad correspondiente. (9~11)

Pista 046

사람?	이름?	어느 나라 사람?

9 (?) •

• ⓐ 유웨이 •

• ㉮ 영국 사람

10 (?) •

• ⓑ 인호 •

• ㉯ 중국 사람

11 (?) •

• ⓒ 제임스 •

• ㉰ 한국 사람

Comprensión lectora

▶ Lea el diálogo y complete el hueco con la opción adecuada.

12

> A 안녕하세요?
>
> B 안녕하세요? 이름이 뭐예요?
>
> A 저는 제인이에요.
>
> B _____
>
> A 캐나다 사람이에요.

ⓐ 안녕하세요?

ⓑ 안녕히 가세요.

ⓒ 이름이 뭐예요?

ⓓ 어느 나라 사람이에요?

Respuestas en pág. 275

Apuntes culturales

Q ¿Cómo podemos dirigirnos a alguien a quien acabamos de conocer?

En Corea, la gente apenas emplea el pronombre de segunda persona para dirigirse a su interlocutor, mucho menos si se trata de la primera vez que se ven. Si buscamos la palabra "usted" en algún diccionario de español-coreano, veremos que esta seguramente aparece traducida como 당신. Sin embargo, el empleo de 당신 para referirse a alguien con quien no tenemos todavía mucha confianza, se suele considerar bastante descortés. Es normal que muchos coreanos duden cómo dirigirse a alguien que acaban de conocer, puesto que en coreano existe una amplia variedad de tratamientos basados en variables de edad y posición, cuyo uso resulta complejo hasta para los propios coreanos.

Por ejemplo, en el caso de encontrarnos con alguien para quien trabajáramos, deberíamos llamarlo por el título de 사장 (presidente o director general) o de 부장 (director de área), a los que se le deberá añadir inmediatamente después 님 para mostrarle el debido respeto: 사장님 y 부장님 respectivamente. Esto explica por qué los coreanos, cuando se conocen, casi siempre intercambian tarjetas de presentación en las que aparecen la profesión y el cargo que desempeñan.

Por otra parte, en el caso de encontrarnos con alguien cuya ocupación laboral o cargo no sean considerados muy prestigiosos, tras preguntarle su nombre, deberemos usar este seguido de 씨 como señal de respeto. Por ejemplo, a 김진수, cuyo nombre completo se compone del apellido 김 y del nombre propio 진수, deberíamos llamarlo 김진수 씨 o 진수 씨.

Frente a todas estas formalidades, si la persona con la que hablamos es un niño o un amigo de mucha confianza, es posible referirse a él con el mucho más informal 너. Sin embargo, si nuestro interlocutor es un adulto, aunque sea mucho más joven que nosotros, nunca deberíamos dirigirnos a él con 너 a no ser que se trate un amigo con el que tengamos mucha confianza.

Capítulo 2   아니요, 회사원이에요.

- 네 "sí" y 아니요 "no"
- Omisión del sujeto
- Oraciones interrogativas
- Los idiomas

폴 씨, 학생이에요?
Paul, ¿eres estudiante?

네, 학생이에요.
Sí, soy estudiante.

● 네 "sí" y 아니요 "no"

Las preguntas se pueden responder de manera afirmativa por medio de 네 y de manera negativa por medio de 아니요.

1   A   제인 씨, 선생님이에요?   ¿Eres profesora, Jane?

   B   네.   Sí.

2   A   링링 씨, 학생이에요?   ¿Eres estudiante, Lingling?

   B   아니요, 저는 의사예요.   No, soy doctora.

● Omisión del sujeto

En coreano, al igual que en español, no es necesario repetir constantemente el sujeto y se puede omitir si este se sobrentiende.

   A   어느 나라 사람이에요?   ¿De qué país eres?

   B   (저는) 호주 사람이에요.   Soy australiano.

Sin embargo, en coreano el sujeto no debe omitirse cuando se cambia de tema de la frase.

   A   저는 한국 사람이에요.   Yo soy coreano.
      제임스 씨, 어느 나라 사람이에요? ¿De qué país eres tú, James?

   B   (저는) 영국 사람이에요.   Soy británico.

리에 씨, 회사원**이에요?**
Rie, ¿eres empleada de una compañía?

아니요, **일본어** 선생님이에요.
No, soy profesora de japonés.

Oraciones interrogativas

Algunos idiomas, como el inglés, presentan estructuras diferentes en las oraciones interrogativas y en las enunciativas. En inglés, mientras que en las interrogativas, el orden es 'verbo + sujeto + complementos': "Is he Paul?", en las enunciativas el orden es 'sujeto + verbo + complementos': "He is Paul."

Por el contrario, en coreano el orden de las palabras es exactamente el mismo en las oraciones interrogativas y en las enunciativas. Al responder una pregunta parcial, tan solo hay que sustituir el interrogativo (qué, cuál, quién, dónde, cómo, etc.) por la información requerida sin alterar el orden de las palabras. En el caso de las preguntas totales, el orden de las palabras es el mismo en estas y en sus respuestas, distinguiéndose las primeras de las segundas por su entonación ascendente.

1 A 마크 씨, 회사원이에요?   Mark, ¿eres empleado de una compañía?

  B 네, 저는 회사원이에요.   Sí, soy empleado de una compañía.

2 A 마크 씨, 어느 나라 사람이에요?   Mark, ¿de qué país eres?

  B 미국 사람이에요.   Soy estadounidense.

Los idiomas

Los nombres de los idiomas se forman colocando 말 o 어, que significan "lengua", después del nombre de un país. La única diferencia entre ellos es que 말 es más coloquial, mientras que 어 tiene un carácter más formal. El inglés, por el contrario, es simplemente 영어, sin que se emplee el nombre de ningún país.

País	한국 Corea	중국 China	스페인 España	미국 EE.UU.	외국 país(es) extranjero(s)
Idioma	한국어 한국말 coreano	중국어 중국말 chino	스페인어 스페인말 español	영어 inglés	외국어 외국말 lengua(s) extranjera(s)

¡Cuidado!

영어 (o)
영어말 (x)

Pista 047

Yujin	Mark, ¿eres estudiante?
Mark	No.
Yujin	Entonces, ¿eres profesor?
Mark	No.
Yujin	Entonces, ¿eres empleado de una compañía?
Mark	Sí, efectivamente. Soy empleado de una compañía.

유진   마크 씨, 학생이에요?

마크   아니요.

유진   그럼, 선생님이에요?

마크   아니요.

유진   그럼, 회사원이에요?

마크   네, 맞아요. 회사원이에요.

Nuevo vocabulario

학생 estudiante

그럼 entonces, pues

선생님 maestro/a, profesor(a)

회사원 empleado/a de una compañía

Nuevas expresiones

아니요. no.

예. sí.

맞아요. efectivamente.

Aclaraciones

★ 그럼 "entonces"

Al hacer una pregunta relacionada con algo mencionado previamente por el interlocutor, es habitual que 그럼 la preceda seguido por una pequeña pausa. 그럼 es una contracción muy habitual de 그러면.

★ Dos maneras de decir "Sí"

Para contestar de manera afirmativa, se puede usar tanto 네 como 예. 예 suele considerarse más educada, mientras que 네 es la forma de mayor uso.

Pista 048

Jane	Jinsu, ¿a qué te dedicas?
Jinsu	Soy empleado en una compañía.
	Jane, ¿eres estudiante?
Jane	No.
Jinsu	Entonces, ¿a qué te dedicas?
Jane	Soy profesora de inglés.
Jinsu	Oh, ¿de verdad?

제인   진수 씨, 무슨 일 해요?

진수   저는 회사원이에요.

       제인 씨, 학생이에요?

제인   아니요.

진수   그럼, 무슨 일 해요?

제인   영어 선생님이에요.

진수   아, 그래요?

Nuevo vocabulario

무슨 qué

일 trabajo

해요 hacer

영어 inglés

Nuevas expresiones

무슨 일 해요?
¿A qué te dedicas?

아, 그래요? Oh, ¿de verdad?

Aclaraciones

★ **Significado del sufijo honorífico 님**

El sufijo 님 que aparece en la palabra 선생님 es un honorífico. En coreano, es habitual añadir este sufijo a ciertas profesiones para mostrar respeto. Su uso es especialmente habitual en el lugar de trabajo, puesto que un empleado no puede dirigirse ni referirse a un superior por su nombre sino que debe hacerlo usando el cargo que este tenga, por ejemplo, 사장님 (사장 presidente de una compañía + 님 honorífico). Por el contrario, cuando nos referimos a nuestro cargo, no utilizamos el honorífico 님.

★ **아, 그래요? "¿De verdad? / ¿Ah, si? / ¿En serio?"**

Esta oración interrogativa no es realmente una pregunta, sino una manera educada de mostrar interés por lo que dice el interlocutor, semejante a "¿De verdad? / ¿Ah, sí? / ¿En serio?" en español. Dependiendo de la entonación, el significado puede variar adquiriendo diferentes acepciones. En este caso, aunque se escriba con signo de interrogación, al no tratarse realmente de una pregunta, la entonación no debe elevarse tanto al final como en una auténtica pregunta.

Pista 049

● 감사합니다 [감사함니다]

Cuando las consonantes '¬', 'ㄷ', 'ㅂ' van seguidas por 'ㄴ' o 'ㅁ', pasan a pronunciarse como si fueran [ㅇ], [ㄴ], [ㅁ] respectivamente.

(1) ¬ → [ㅇ]　한국말 [한궁말], 부엌문 [부엉문]

(2) ㄷ → [ㄴ]　닫는 [단는], 씻는 [씬는]

(3) ㅂ → [ㅁ]　미안합니다 [미안함니다], 앞문 [암문]

Vocaburario adicional

Pista 050

① ② ③
④ ⑤ ⑥
⑦ ⑧ ⑨ ⑩

1	학생	estudiante
2	선생님	profesor(a)
3	회사원	empleado/a de una compañía
4	의사	médico/a
5	간호사	enfermero/a
6	택시 기사	taxista
7	주부	ama de casa
8	운동선수	deportista
9	경찰	policía
10	군인	militar, soldado

교수(님)	profesor(a)
신부(님)	sacerdote católico
수녀(님)	monja católica
목사(님)	pastor protestante
변호사	abogado/a
스님	monje/a budista
번역가	traductor(a)
통역사	intérprete

Expresiones útiles

Pista 051

En Corea, los saludos difieren notablemente dependiendo de la formalidad de la situación, así como de la edad o la posición del interlocutor.

Saludos

A Hola.

Al saludar a alguien de mayor edad, como por ejemplo a los padres o los abuelos.

A Hola.

B Hola.

Al saludar a un desconocido o a alguien al que uno se debe dirigir con cierta cortesía, como por ejemplo a profesores, vecinos, desconocidos o compañeros de trabajo.

A Hola.

B Hola.

Al saludar a un amigo de la misma edad (sobre todo amigos de hace mucho tiempo), como por ejemplo amigos de la infancia o de la escuela.

A Hola.

B Hola.

Al encontrarse con alguien de mayor posición o con quien se tiene una relación laboral, como por ejemplo un jefe o un cliente.

Gramática

▶ Mire el dibujo y elija la opción correcta. (1~2)

1 A 제임스 씨예요?

   B (네 / 아니요), 제임스예요.

   A 미국 사람이에요?

   B (네 / 아니요), 영국 사람이에요.

제임스

2 A 리에 씨예요?

   B (네 / 아니요), 메이예요.

   A 중국 사람이에요?

   B (네 / 아니요), 중국 사람이에요.

메이

▶ Mire el dibujo y complete los diálogos. (3~4)

3 A 러시아어 선생님이에요?

   B 아니요, _____ 선생님이에요.

4 A 중국어 선생님이에요?

   B 아니요, _____ 선생님이에요.

▶ Relacione cada pregunta con la respuesta correspondiente. (5~7)

5 학생이에요?   •   • ⓐ 영어 선생님이에요.

6 무슨 일 해요?   •   • ⓑ 아니요, 캐나다 사람이에요.

7 미국 사람이에요? •   • ⓒ 네, 학생이에요.

Comprensión auditiva

▶ Escuche el audio y elija la respuesta correcta a la pregunta. (8~9)

8 제인 씨가 무슨 일 해요?

ⓐ 선생님　　　ⓑ 학생　　　　ⓒ 의사　　　ⓓ 회사원

9 민호 씨가 무슨 일 해요?

ⓐ 한국어 선생님　　　　ⓑ 영어 선생님

ⓒ 중국어 선생님　　　　ⓓ 일본어 선생님

Comprensión lectora

▶ Lea el diálogo y complete los huecos con la opción adecuada.

10

A 톰 씨, 선생님이에요?

B 아니요.

A 그럼, (1) _____

B 네, 회사원이에요.

유미 씨, 무슨 일 해요?

A (2) _____

(1) ⓐ 이름이 뭐예요?

ⓑ 회사원이에요?

ⓒ 미국 사람이에요?

ⓓ 어느 나라 사람이에요?

(2) ⓐ 의사예요.

ⓑ 일본 사람이에요.

ⓒ 네, 학생이에요.

ⓓ 아니요, 한국 사람이에요.

Respuestas en pág. 276

Apuntes culturales

Q   ¿Por qué se preguntan la edad los coreanos al conocerse?

Los occidentales suelen sorprenderse ante el hecho de que la edad normalmente es una de las primeras cosas por las que preguntan los coreanos cuando conocen a alguien. A un occidental esta pregunta le puede parecer grosera y seguramente sentiría la tentación de contestar: "Eso no es asunto tuyo." Sin embargo, la razón por la que los coreanos preguntan la edad es que necesitan conocer este dato para usar el nivel de cortesía adecuado con el que han de tratar a sus interlocutores, ya que utilizarían un registro más o menos formal dependiendo de si la otra persona es mayor o más joven.

En el caso de dirigirse a un conocido, ya sea con un familiar, un vecino o un compañero de clase, si este es mayor que nosotros, deberemos emplear la forma honorífica -(으)세요. Si nuestro interlocutor fuera un desconocido, también deberemos emplear esta forma honorífica para mostrarle deferencia independientemente de su edad.

Sin embargo, si el interlocutor tiene nuestra misma edad y una posición similar a la nuestra, y además deseáramos mostrar una cierta cercanía, emplearíamos la forma -아/어요, la cual se usa con mucha frecuencia cuando se hace la compra en el mercado o se pregunta algo en la calle a alguien.

El registro informal, el cual se forma eliminando el 요 final de la forma -아/어요, se reserva para personas con las que se tiene una gran intimidad, como por ejemplo amigos de toda la vida, así como para hermanos menores y para niños pequeños. Especialmente en el caso de los adultos, el registro informal implica la existencia de una gran confianza con el interlocutor o el consentimiento expreso de este para que lo tratemos de esta manera, aunque se trate de alguien de menor edad que nosotros. Es verdad que actualmente, debido a la influencia occidental, algunos jóvenes coreanos no preguntan la edad, pero saber la edad sigue siendo un dato de vital importancia en coreano para mantener una conversación en el registro adecuado.

Capítulo 3   이게 뭐예요?

- Los demostrativos 이, 그, 저 "este, ese, aquel"
- Los interrogativos 무슨 "qué tipo de" y 누구 "quién, de quién"
- La partícula de sujeto 이/가
- Los posesivos

이게 무슨 책이에요?
¿Qué tipo de libro es este?

한국어 책이에요.
Es un libro de coreano.

Los demostrativos 이, 그, 저 "este, ese, aquel"

Anexo pág. 268

Al igual que en español, decantarse por 이, 그 o 저 depende de la ubicación de aquello de lo que se habla con respecto al hablante y al oyente, aunque también influye el hecho de que aquello a lo que nos refiramos esté dentro del campo de visión de estos. Se usa 이 para referirse a aquellas cosas o personas que se encuentran próximas al hablante. Por su parte, 그 se emplea para hacer referencia a todo aquello que esté cerca del oyente pero lejos del hablante, aunque también lo podemos utilizar para referirnos a objetos y personas que se encuentren fuera de nuestro campo de visión. Por último, el empleo de 저 se reserva para aquellas cosas y personas que se encuentren lejos tanto del hablante como del oyente.

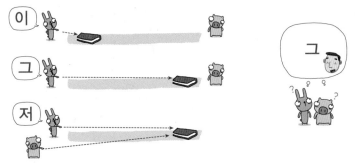

En lo que respecta a los pronombres demostrativos 이것이, 그것이, 저것이 "esto, eso, aquello", es importante tener en cuenta que en la conversación cotidiana es muy habitual usar 이게, 그게, 저게 en lugar de 이것이, 그것이, 저것이.

El interrogativo 무슨 "qué tipo de"

Este interrogativo 무슨 se emplea al preguntar por los detalles o características de algo, seguido del sustantivo sobre el que se quiere conseguir más información.

A 저게 무슨 영화예요? ¿Qué tipo de película es aquella?

B 코미디 영화예요. Es una comedia.

저분**이 누구**예요?
¿Quién es aquel?

제 친구예요.
Es un amigo mío.

La partícula de sujeto 이/가

En coreano, el sujeto de una frase suele indicarse por medio de la partícula 이/가.

Tras sustantivos terminados en vocal	Tras sustantivos terminados en consonante
마크 씨가 미국 사람이에요. Mark es estadounidense.	선생님이 한국 사람이에요. El profesor es coreano.

Los posesivos

En coreano, la posesión se expresa añadiendo la partícula 의 al poseedor. No obstante, es habitual omitirla en el lenguaje coloquial.

El libro del estudiante → 학생 책

 **Curiosidades**

학생 책 [lenguaje coloquial] = 학생의 책 [lenguaje formal escrito]

El posesivo de primera persona de singular es 제, mientras que el de plural es 우리.

Mi amigo → 제 친구   Nuestra escuela → 우리 학교

El interrogativo 누구 "quién, de quién"

Este interrogativo equivale en español a "quién" o "de quién". Cuando significa "quién", se coloca justo antes de -예요. Por el contrario, cuando se utiliza este interrogativo para preguntar por la identidad del poseedor de algo, 누구 se coloca justo antes del sustantivo de lo que se posee.

A 제임스 씨가 누구예요?   ¿Quién es James?
B 저분이에요.   Es aquel.

A 이게 누구 가방이에요?   ¿De quién es este bolso?
B 제니 씨 가방이에요.   Es el bolso de Jenny.

Paul	¿Qué es esto?
Jina	Es una cuchara.
Paul	Entonces, ¿qué es esto?
Jina	Es arroz.
Paul	Entonces, ¿qué es aquello?
Jina	Es agua.

폴   이게 뭐예요?

지나   숟가락이에요.

폴   그럼, 이게 뭐예요?

지나   밥이에요.

폴   그럼, 저게 뭐예요?

지나   물이에요.

Nuevo vocabulario

이게 esto

숟가락 cuchara

밥 arroz, comida

저게 aquello

물 agua

Nuevas expresiones

이게 뭐예요? ¿Qué es esto?

저게 뭐예요? ¿Qué es aquello?

Aclaraciones

★ **이게 뭐예요? "¿Qué es esto?"**

Es habitual que los extranjeros pronuncien esta pregunta haciendo cierto énfasis en 뭐 de la misma manera que lo hacemos con "qué" en "¿Qué es esto?", pero resulta raro a oídos coreanos. En realidad, tan solo se debe elevar el tono de la entonación al final de la frase, como en todas las oraciones interrogativas en coreano.

★ **이게, 그게, 저게 "esto, eso, aquello"**

A 이, 그, 저 se les puede añadir el sustantivo 것, que literalmente significa "cosa", y la partícula de sujeto 이, dando lugar a los pronombres demostrativos 이것이, 그것이, 저것이, los cuales a menudo se contraen dando lugar a las formas 이게, 그게, 저게. Los pronombres demostrativos con partícula de tema 이것은, 그것은, 저것은 también se pueden contraer dando lugar a las formas 이건, 그건, 저건.

이게 뭐예요?	¿Qué es esto? [coloquial]	이건 뭐예요?	¿Qué es esto? [coloquial]
= 이것이 무엇입니까?	¿Qué es esto? [formal]	= 이것은 무엇입니까?	¿Qué es esto? [formal]

Rie	¿Qué es esto?
Jinsu	Es un libro.
Rie	¿De qué es el libro?
Jinsu	Es un libro de coreano.
Rie	¿De quién es el libro?
Jinsu	Es de Mark.
Rie	¿Quién es Mark?
Jinsu	Es un amigo mío.

리에 　이게 뭐예요?

진수 　책이에요.

리에 　무슨 책이에요?

진수 　한국어 책이에요.

리에 　누구 거예요?

진수 　마크 씨 거예요.

리에 　마크 씨가 누구예요?

진수 　제 친구예요.

Nuevo vocabulario

책 libro

한국어 lengua coreana

누구 quién / de quién

거 cosa

제 mi, mío/a

친구 amigo/a

Nuevas expresiones

무슨 책이에요?
¿De qué es el libro?

누구 거예요? ¿De quién es?

마크 씨가 누구예요?
¿Quién es Mark?

제 친구예요.
Es un amigo mío. / Es mi amigo.

Aclaraciones

★ **Interrogativos 무슨 "qué (tipo de)" 어느 "cuál / qué"**
El interrogativo 무슨 se emplea para preguntar por las características concretas de algo, mientras que 어느 se emplea para identificar algo entre varios de la misma categoría.

1　A　이게 <u>무슨</u> 책이에요?
　　　¿<u>De qué</u> es este libro?
　B　역사 책이에요. Es un libro de historia.

2　A　역사 책이 <u>어느</u> 책이에요?
　　　¿<u>Cuál</u> es el libro de historia?
　B　노란색 책이에요. Es el libro amarillo.

★ **누구 거예요? "¿De quién es?"**
Para preguntar a quién pertenece algo, se utiliza la frase "누구 거예요?" o podemos sustituir 거 por aquello a lo que nos refiramos, por ejemplo, un libro: "누구 책이에요?" "¿De quién es el libro?" En el lenguaje coloquial resulta muy habitual el uso de 거 pero al escribir se suele preferir el empleo de 것.

Pista 055

● 책상 [책쌍]

Cuando las consonantes en posición final de sílaba 'ㄱ', 'ㄷ', 'ㅂ' van seguidas por 'ㄱ', 'ㄷ', 'ㅂ', 'ㅅ', 'ㅈ' en posición inicial de sílaba, estas últimas pasan a pronunciarse como [ㄲ], [ㄸ], [ㅃ], [ㅆ], [ㅉ] respectivamente.

(1) ㄱ → [ㄲ]   숟가락 [숟까락]

(2) ㄷ → [ㄸ]   먹다 [먹따]

(3) ㅂ → [ㅃ]   어젯밤 [어젣빰]

(4) ㅅ → [ㅆ]   통역사 [통역싸]

(5) ㅈ → [ㅉ]   걱정 [걱쩡]

Vocabulario adicional

Pista 056

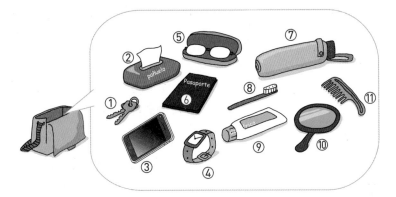

1	열쇠	llave
2	휴지	pañuelo de papel
3	핸드폰	teléfono móvil/celular
4	시계	reloj
5	안경	gafas
6	여권	pasaporte
7	우산	paraguas
8	칫솔	cepillo de dientes
9	치약	dentífrico
10	거울	espejo
11	빗	peine

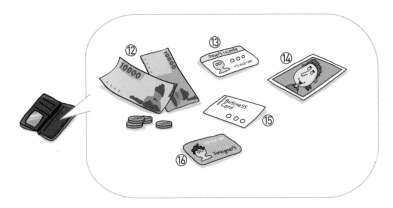

12	돈	dinero
13	운전면허증	carné de conducir, licencia de manejar
14	사진	foto
15	명함	tarjeta comercial, tarjeta de visita
16	외국인 등록증	permiso de residencia

Haciendo preguntas

A ¿Cómo se dice en inglés?

A ¿Cómo se dice en coreano?

Indicar la comprensión y la incomprensión

A No entiendo.

A Entendido.

Gramática

▸ Señale la opción correcta. (1~4)

1 선생님(이 / 가) 한국 사람이에요.   2 사토루(이 / 가) 일본 사람이에요.

3 폴(이 / 가) 호주 사람이에요.   4 마크(이 / 가) 미국 사람이에요.

▸ Mire el dibujo y complete los diálogos. (5~6)

5
마크

A 이분이 누구예요?

B _____ 씨예요.

6
제인

A 이분이 누구예요?

B _____ .

(*분 es la forma honorífica de 사람)

▸ Mire el dibujo y complete los diálogos como en el ejemplo. (7~8)

Ej.
A 이게 뭐예요?

B _____열쇠예요_____ .

A 누구 거예요?

B _____폴 씨_____ 거예요.

폴

7 A 저게 뭐예요?

B (1) _____ .

A 누구 거예요?

B (2) _____ 거예요.

유진

8 A (1) _____ 뭐예요?

B 안경이에요.

A (2) _____ 거예요?

B 유웨이 씨 거예요.

유웨이

▸ Escuche el audio y señale la opción que corresponda con el dibujo.

Pista 058

9   이게 뭐예요?

ⓐ   ⓑ   ⓒ   ⓓ

▸ Escuche el audio y elija la respuesta correcta para completar la
conversación.

Pista 059

10   A   가방이 누구 거예요?

     B   _____.

     ⓐ   ⓑ   ⓒ   ⓓ

Comprensión lectora

▸ Complete los diálogos rellenando los huecos con la opción correspondiente.
(11~12)

뭐예요?   누구예요?   누구 거예요?   무슨 일 해요?

11   A   이분이 (1) _____

     B   제임스 씨예요.

     A   제임스 씨는 (2) _____

     B   영어 선생님이에요.

12   A   이게 (1) _____

     B   여권이에요.

     A   (2) _____

     B   제임스 씨 거예요.

Respuestas en pág. 276

Apuntes culturales

Q   ¿Has escuchado alguna vez 우리 나라 y 우리 집?

Si ha escuchado a coreanos hablar entre sí, es probable que haya notado que emplean la palabra 우리 con gran frecuencia: 우리 나라 "mi país" (lit. nuestro país), 우리 회사 "mi empresa" (lit. nuestra empresa), 우리 집 "mi casa" (lit. nuestra casa), 우리 남편 "mi marido" (lit. nuestro marido), 우리 엄마 "mi madre" (lit. nuestra madre), etc. Este uso habitual del posesivo "nuestro" no indica ni un trastorno de personalidad múltiple ni ningún tipo de propiedad colectiva.

Los coreanos emplean 우리 con tanta asiduidad para enfatizar el valor de comunalidad sobre el de individualismo. En otras palabras, para expresar la posesión, los coreanos prefieren hacer uso del posesivo "nuestro", pues implica pertenencia a un grupo, en lugar de emplear "mi", que denota individualismo. El empleo de términos tales como 우리 나라 o 우리 회사 refuerza de manera consciente o inconsciente el sentimiento de pertenencia y de comunalidad. Esto puede estar relacionado con el hecho de que los coreanos prefieren hacer cualquier actividad cotidiana, por trivial que esta pueda ser, en compañía de otros a hacerla solos. De hecho, son muchos los coreanos a los que no les agrada nada comer o tomarse un café sin compañía. Por una parte, los coreanos se sienten más seguros y cómodos dentro de un grupo, además de que, por otra parte, estando juntos, pueden afianzar sus relaciones interpersonales. Esta es la razón por la que es casi imposible ver a un coreano comiendo o bebiendo solo en Corea. Sin embargo, a pesar de que en coreano "nuestro" se emplee con mucha frecuencia, no se puede utilizar en cualquier situación. Por ejemplo, cuando alguien indica que cierto objeto de uso individual o personal le pertenece, lo hace usando "mi". Por ello, resultaría muy extraño decir en coreano, por ejemplo, 우리 가방 (nuestra cartera) o 우리 핸드폰 (nuestro móvil).

Este uso de 우리 puede resultar difícil para los extranjeros al principio, pero al igual que sucede con el sabor picante del kimchi, tras probar varias veces, la lengua acabará acostumbrándose.

- ### 있어요 "estar, hay" y 없어요 "no estar, no hay"

Anexo pág 267

Se usa 있어요 cuando algo está presente y 없어요 cuando no lo está. Se usa la partícula de sujeto 이/가 tras el sustantivo del que se habla y, después, 있어요/없어요.

| 의자가 있어요. | Hay una silla. |
| 의자가 없어요. | No hay ninguna silla. |

- ### La partícula locativa 에

Se coloca la partícula 에 tras el sustantivo que indica la ubicación de algo o alguien con los verbos 있어요/없어요.

폴이 공원에 있어요.　　　　Paul está en el parque.

= 공원에 폴이 있어요.

La construcción adverbial terminada en partícula locativa 에 puede ubicarse en cualquier lugar de la frase. Sin embargo, los verbos 있어요 y 없어요 han de colocarse siempre al final de la frase.

- ### El pronombre interrogativo 어디 "dónde"

Usando 어디 seguido de la partícula 에 y del verbo 있어요, podemos preguntar por la ubicación de algo o alguien.

A 선생님이 어디에 있어요?　　¿Dónde está el profesor?

B (선생님이) <u>학교에</u> 있어요.　　(El profesor) está <u>en la escuela</u>.

● Cómo expresar la ubicación

책상 위에

sobre el escritorio

책상 아래에

debajo del escritorio

의자 앞에

delante de la silla

의자 뒤에

detrás de la silla

시계 옆에

al lado del reloj

컵 오른쪽에

a la derecha del vaso

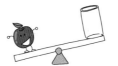

컵 왼쪽에

a la izquierda del vaso

컵하고 시계 사이에

entre el vaso y el reloj

냉장고 안에

dentro del frigorífico

냉장고 밖에

fuera del frigorífico

> **! ¡Cuidado!**
>
> Al describir la ubicación de algo con respecto a uno mismo, se usa 제 antes de la palabra que indica la ubicación. Sin embargo, con 하고 debe usarse 저.
>
> 의자가 제 앞에 있어요.
> La silla está en frente de <u>mí</u>.
>
> 의자가 제 오른쪽에 있어요.
> La silla está a delante de <u>mí</u>.
>
> 의자가 저하고 책상 사이에 있어요.
> La silla está entre el escritorio y <u>yo</u>.

Pista 060

Paul	Disculpe, ¿hay algún aseo por aquí?
Mei	Sí, lo hay.
Paul	¿Dónde está?
Mei	Está allí, al lado de la máquina expendedora.
Paul	Gracias.
Mei	De nada.

폴   저, 이 근처에 화장실 있어요?

메이   네, 있어요.

폴   어디에 있어요?

메이   저기 자판기 옆에 있어요.

폴   감사합니다.

메이   네.

Aclaraciones

★ **저 "Disculpe"**

저 es una forma educada de llamar la atención de alguien cuando le queremos preguntar algo. Es habitual usarla con desconocidos a los que les queremos preguntar una calle, la hora o cualquier otra cosa. 저 suele ir seguido de una breve pausa para que la otra persona se dé cuenta de que le queremos preguntar algo y, tras conseguir su atención, podemos proceder a iniciar la conversación. En estos casos, también se puede usar 저기요.

★ **La polisemia de 네**

Además de ser la manera afirmativa de contestar a preguntas, 네 también se usa con frecuencia con los significados de "Sin duda." o "De nada." al hablar con desconocidos o en situaciones de cierta formalidad para mostrar cierta cortesía hacia los interlocutores.

Pista 061

집이
어디에
있어요?

Yujin	Mark, ¿dónde está tu casa?
Mark	Está en Sinchon.
Yujin	¿Dónde está Sinchon?
Mark	¿Conoces la Farmacia Sinchon?
Yujin	No, no la conozco.
Mark	Pues… ¿Conoces el Centro Comercial Sinchon?
Yujin	Sí, lo conozco.
Mark	Está justo detrás del Centro Comercial Sinchon.

유진	마크 씨, 집이 어디에 있어요?
마크	신촌에 있어요.
유진	신촌 어디에 있어요?
마크	신촌 약국 알아요?
유진	아니요, 몰라요.
마크	그럼, 신촌 백화점 알아요?
유진	네, 알아요.
마크	신촌 백화점 바로 뒤에 있어요.

Nuevo vocabulario

집 casa

신촌 Sinchon (barrio de Seúl)

약국 farmacia

알아요 conocer / saber

몰라요 no conocer / no saber

백화점 centro comercial

바로 justo

뒤 detrás

Nuevas expresiones

··· 알아요? ¿Conoces / Sabes ···?

신촌 어디에 있어요?
¿Dónde está en Sinchon?

바로 뒤에 있어요.
Está justo detrás.

Aclaraciones

★ 신촌 어디에 있어요? "¿Dónde está en Sinchon?"
Cuando queremos preguntar por la ubicación de algo o alguien, deberemos usar el patrón "어디에 있어요?" justo después de aquello por lo que preguntemos.

★ 바로 "justo, exactamente"
Esta palabra se coloca justo delante de aquello que queramos enfatizar.

Pista 062

● 없어요 [업써요]

Existen palabras que contienen sílabas con dos consonantes en posición final. En el caso de que la última de esas dos consonantes sea '人' y la siguiente sílaba comience por vocal, como en el caso de 없어요, la '人' pasa a pronunciarse junto a la vocal de la sílaba siguiente pero más fuerte, como si se tratara de '씨'.

(1) 값이 [갑씨]

(2) 몫이에요 [목씨에요]

Vocaburario adicional

Pista 063

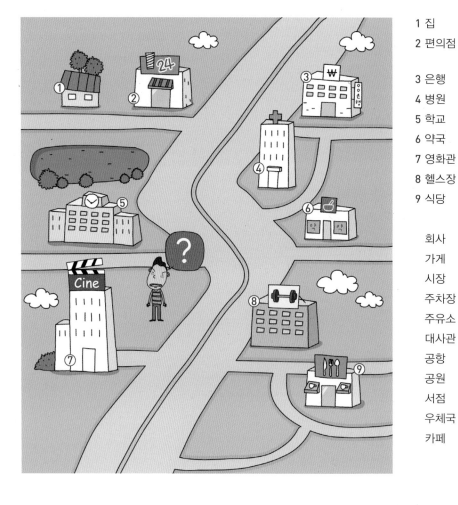

1 집	casa
2 편의점	tienda de conveniencia (abre las 24 horas)
3 은행	banco
4 병원	hospital
5 학교	escuela
6 약국	farmacia
7 영화관	cine
8 헬스장	gimnasio, centro de fitness
9 식당	restaurante
회사	empresa, compañía
가게	tienda
시장	mercado
주차장	aparcamiento, parqueadero
주유소	gasolinera, servicentro
대사관	embajada
공항	aeropuerto
공원	parque
서점	librería
우체국	oficina de correos
카페	cafetería

En coreano es posible decir una misma cosa de varias maneras diferentes dependiendo de la situación y de la relación que se tenga con el interlocutor.

Mostrar agradecimiento

A Gracias.

B No hay de qué.

Se trata de una fórmula cortés empleada en situaciones formales. Es habitual su uso, por ejemplo, con los clientes, con los desconocidos y con las personas de mayor edad que uno.

A Gracias.

B No es nada.

Se trata de una fórmula cortés que se emplea en situaciones que no son ni formales ni informales. Es habitual su uso, por ejemplo, con compañeros de trabajo con los que se tiene cierta confianza.

A Gracias.

B De nada.

Se trata de una fórmula informal que implica cercanía. Es habitual su uso, por ejemplo, con compañeros de clase o con amigos de la infancia.

Gramática

▶ Mire los dibujos y complete los diálogos. (1~4)

1 A 폴 씨가 어디에 있어요?

   B _____ 에 있어요.

2 A 앤 씨가 어디에 있어요?

   B _____ 에 있어요.

3 A 인호 씨가 어디에 있어요?

   B _____ 있어요?

4 A 리에 씨가 어디에 있어요?

   B _____.

▶ Complete los diálogos. (5~6)

5 A 마크 씨가 _____ 있어요?

   B 공원에 있어요.

6 A 제인 씨가 _____?

   B 병원에 있어요.

▶ Mire el dibujo y complete los diálogos. (7~9)

7 A 시계가 어디에 있어요?

   B 책상 _____ 에 있어요.

8 A 책이 어디에 있어요?

   B 안경 _____ 에 있어요.

9 A 안경이 어디에 있어요?

   B 책하고 시계 _____ 에 있어요.

Comprensión auditiva

▸ Escuche el audio y señale la opción que corresponda con el dibujo.

Pista 065

10  ⓐ   ⓑ   ⓒ   ⓓ

▸ Escuche el audio y elija la respuesta correcta a la pregunta.

Pista 066

11 책이 어디에 있어요?

ⓐ    ⓑ    ⓒ    ⓓ

Comprensión lectora

▸ Lea el texto y señale la opción correcta a la pregunta.

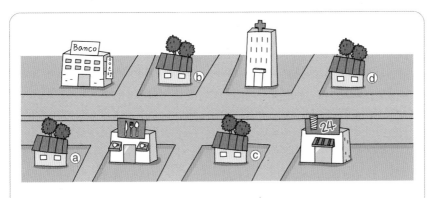

폴 씨 집 근처에 빌딩이 많이 있어요. 폴 씨 집 옆에 식당이 있어요.
폴 씨 집 앞에 병원이 있어요. 폴 씨 집 오른쪽에 편의점이 있어요.
그런데 폴 씨 집 옆에 은행이 없어요.

12 폴 씨 집이 어디에 있어요?   (   )

Respuestas en pág. 276

Apuntes culturales

홍대 Hongdae

광화문 Gwanghwamun

N서울타워 Torre N de Seúl

강남역 Estación de Gangnam

Q ¿Qué se puede ver en Seúl?

Seúl, capital de Corea del Sur, hogar del 20% de la población del país y metrópolis con más de seiscientos años de historia, cuenta con un gran y variado número de zonas turísticas. Para empezar, si uno siente curiosidad por la historia de Corea, nada más recomendable que visitar los palacios reales de la era Joseon que hay por el centro de Seúl. Resulta especialmente atractivo disfrutar de la tranquilidad que se respira en ellos pese a encontrarse rodeados hoy en día por altos edificios modernos. Cerca de allí se encuentra Insa-dong, barrio repleto de tiendas de productos típicos y teterías tradicionales donde poder disfrutar de una taza de té. Por otra parte, en pleno Seúl podemos encontrar la Torre N de Seúl, desde la cual se tienen las mejores vistas de la ciudad. Además, el Parque Hangang, que se extiende a lo largo de gran parte del río Han, es uno de los lugares favoritos de los seulenses para pasear, hacer un pícnic o simplemente tomarse un descanso en su ajetreada vida. También hay muchos seulenses que disfrutan subiendo alguna de las más de cien montañas de diferentes tamaños que hay por Seúl aprovechando su cercanía, lo que permite a los habitantes de la capital evadirse en la naturaleza de manera rápida y sencilla. Hongdae es un lugar ideal para descubrir los ambientes distendidos que frecuentan los jóvenes de la capital atraídos por sus tiendas de ropa, sus grupos de música independiente y sus espectáculos callejeros, mientras que Gangnam es perfecto para disfrutar del ambiente urbanita de la capital gracias a su gran oferta gastronómica y cultural. Aquellos a los que les guste ir de compras deberían visitar Myeong-dong o Hongdae, así como también regatear precios en los mercados tradicionales de Namdae-mun y Dongdaemun. No obstante, además de lugares de gran interés, en Seúl se celebran numerosos festivales y eventos culturales a lo largo del año. Lo cierto es que Seúl es una ciudad que nunca duerme. ¿Estás preparado para conocerla?

Capítulo 5   동생이 몇 명 있어요?

- 있어요 "tener" y 없어요 "no tener"
- Numerales coreanos autóctonos
- Sufijos contadores
- El interrogativo 몇 "cuántos"

동생 **있어요?**
¿Tienes hermanos menores?

네, 두 명 **있어요.**
Sí, tengo dos.

● **있어요** "tener" y **없어요** "no tener"

En el capítulo anterior, vimos que 있어요 y 없어요 indicaban respectivamente la existencia y la no existencia de algo. En este capítulo veremos que, además, se pueden emplearl para indicar la posesión de algo. Para indicar que alguien tiene algo, se comienza por el poseedor, se continúa con lo poseído y finalmente se termina la frase con 있어요. Para indicar que alguien no tiene algo, se sustituye 있어요 por 없어요 en la estructura anteriormente mencionado.

> **?** **Curiosidades**
>
> Aunque en español, tanto "casa" y "coche" en estas frases son complementos directos, en coreano no lo son y deben llevar la partícula 이/가.

마크가 집이 있어요.	Mark tiene una casa.
마크가 자동차가 없어요.	Mark no tiene coche.

● Numerales coreanos autóctonos

En coreano coexisten dos sistemas numéricos, uno autóctono y otro de origen chino, también denominado sinocoreano. Cuando se cuentan objetos, se suelen usar los numerales del primer sistema.

1	하나	11	열하나	30	서른
2	둘	12	열둘	40	마흔
3	셋	13	열셋	50	쉰
4	넷	14	열넷	60	예순
5	다섯	15	열다섯	70	일흔
6	여섯	16	열여섯	80	여든
7	일곱	17	열일곱	90	아흔
8	여덟	18	열여덟	100	백
9	아홉	19	열아홉		
10	열	20	스물		

가족이 모두 **몇 명**이에요?
¿Cuántos son en su familia?

모두 네 **명**이에요.
Somos cuatro en total.

● Sufijos contadores

Anexo pág 264

Al contar cosas o personas, primero se identifica lo que se está contando, después viene el numeral y, tras este, se debe añadir el sufijo contador correspondiente. La elección del sufijo se debe llevar a cabo teniendo en cuenta la naturaleza de lo que se cuenta. (Para más información al respecto, ir a la lista de sufijos contadores de la página 264.)

cinco tazas → 컵 5 (다섯) 개

하나	→	한 개
둘	→	두 개
셋	→	세 개
넷	→	네 개
다섯	→	다섯 개
⋮		⋮
스물	→	스무 개

Los numerales 1, 2 , 3, 4 y 20 pierden la consonante final cuando se les añade un sufijo contador.

dos relojes → 시계 2 (두) 개

● El interrogativo 몇 "cuántos"

El interrogativo 몇 se emplea para preguntar cuántos objetos o cuántas personas hay. Para ello, 몇 debe ir seguido del sufijo contador correspondiente justo antes del verbo.

   A   표가 몇 장 있어요?   ¿Cuántos billetes tienes?

   B   (표가) 두 장 있어요.   Tengo dos (billetes).

Pista 067

우산 있어요?

있어요.

Jinsu	Jane, ¿tienes paraguas?
Jane	Sí, tengo.
Jinsu	¿Cuántos paraguas tienes?
Jane	Tengo dos paraguas. ¿Tienes paraguas, Jinsu?
Jinsu	No, no tengo.
Jane	¿En serio? Aquí tienes un paraguas.
Jinsu	Gracias.

진수 제인 씨, 우산 있어요?

제인 네, 있어요.

진수 우산이 몇 개 있어요?

제인 우산이 두 개 있어요.

　　　진수 씨는 우산이 있어요?

진수 아니요, 없어요.

제인 그래요? 우산 여기 있어요.

진수 감사합니다.

Nuevo vocabulario

우산 paraguas

있어요 tener

몇 cuántos

개 contador léxico para objetos

두 dos

여기 aquí

Nuevas expresiones

우산 있어요? ¿tienes paraguas?

우산이 몇 개 있어요? ¿Cuántos paraguas tienes?

여기 있어요. Aquí tienes.

Aclaraciones

★ **Omisión de la partícula 이/가 en las preguntas.**

En la frase 우산이 있어요 se omite el poseedor, que en español sería el sujeto, y se añade la partícula 이/가 a 우산. Sin embargo, en el lenguaje coloquial, resulta habitual que se omita la partícula 이/가.

★ **La partícula 은/는**

En coreano, al igual que ocurre en español, el tema de la frase suele colocarse al principio de la misma, pero además se marca con la partícula 은/는. Por eso, cuando el tema de la conversación cambia, también se le debe añadir 은/는. Si se añade a un sustantivo terminado en vocal, se hace uso de la forma 는, mientras que si el sustantivo acaba en consonante se le añade la forma 은.

A	한국어 책 있어요?	¿Tienes algún libro de coreano?
B	아니요, 없어요. 마크 씨는 한국어 책 있어요?	No, no tengo ninguno. Mark, ¿tú tienes alguno?
A	네, 있어요.	Sí, lo tengo.

Pista 068

Rie	¿Tienes hermanos menores?
Mark	Sí, los tengo.
Rie	¿Cuántos tienes?
Mark	Tengo dos.
Rie	¿Y también tienes hermanos mayores?
Mark	No, no tengo.
Rie	Entonces, ¿cuántos son en total en tu familia?
Mark	Mis padres, mis dos hermanos menores y yo; somos cinco en total.

리에   마크 씨, 동생 있어요?

마크   네, 있어요.

리에   동생이 몇 명 있어요?

마크   두 명 있어요.

리에   그럼, 형도 있어요?

마크   아니요, 없어요.

리에   그럼, 가족이 모두 몇 명이에요?

마크   부모님하고 저하고 동생 두 명, 모두
       다섯 명이에요.

Nuevo vocabulario

동생 hermano/a menor

명 contador léxico para personas

그럼 entonces

형 hermano mayor (de un varón)

도 también

가족 familia

모두 todos, en total

부모님 padres

하고 y (entre sustantivos)

다섯 cinco (numeral autóctono coreano)

Nuevas expresiones

동생이 몇 명 있어요?
¿Cuántos hermanos menores tienes?

가족이 모두 몇 명이에요?
¿Cuántos son en total en tu familia?

Aclaraciones

★ **가족이 몇 명이에요? "¿Cuántos son en tu familia?"**
Esta pregunta significa lo mismo que "가족이 몇 명 있어요?", ya que ambas se usan para preguntar por el número de integrantes de la unidad familiar. No obstante, "가족이 몇 명이에요?" resulta más natural.

★ **도 "también"**
Si se pone 도 detrás de un sustantivo, significa "también". Su uso es incompatible con la partícula 이/가 por lo que esta 이/가 se omite cuando se usa 도.

A   한국 친구가 10명쯤 있어요.   Tengo unos diez amigos coreanos.
B   그럼, 중국 친구도 있어요?   ¿Y también tienes amigos chinos?

Pista 069

몇 개[멷 깨], 몇 명[면 명]

En principio, 몇 se pronuncia como [멷], pero no siempre es así, ya que existen los siguientes cambios fonéticos:

1. Cuando el sonido final [ㄷ] de 몇 es seguido de una palabra que comience por 'ㄱ', 'ㄷ', 'ㅂ', 'ㅅ', 'ㅈ', esta pasa a pronunciarse como [ㄲ], [ㄸ], [ㅃ], [ㅆ], [ㅉ] (ir al capítulo 3 para ver más ejemplos con las consonantes 'ㄷ', 'ㅂ', 'ㅅ', 'ㅈ').

   몇 살 [멷 쌀], 몇 잔 [멷 짠]

2. El sonido final [ㄷ] de 몇 se pronuncia como [ㄴ] si la palabra que sigue comienza por las nasales 'ㄴ' o 'ㅁ' (ver capítulo 2).

   몇 년[면 년], 몇 마디 [면 마디]

Pista 070

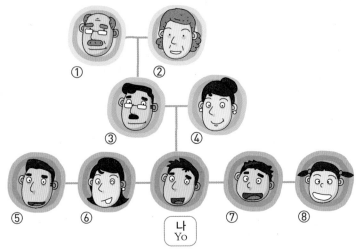

1 할아버지	abuelo	
2 할머니	abuela	
3 아버지	padre	
4 어머니	madre	
5 형	hermano mayor (de un varón)	
6 누나	hermana mayor (de un varón)	
7 남동생	hermano menor	
8 여동생	hermana menor	

오빠	hermano mayor (de una mujer)
언니	hermana mayor (de una mujer)
남편	esposo
부인	esposa de otra persona
아내	esposa de uno mismo
아들	hijo
딸	hija
사촌	primo/a

고모	tía carnal paterna
이모	tía carnal materna
삼촌	tío carnal paterno
외삼촌	tío carnal materno
친척	pariente

Pista 071

Recibir visitas

들어가도 돼요?

네, 들어오세요.

A ¿Puedo pasar?
B Sí, adelante.

여기 앉으세요.

네, 감사합니다.

A Por favor, siéntese aquí.
B Muy bien, gracias.

커피 드릴까요?

네, 감사합니다.

A ¿Le apetece un café?
B Sí, gracias.

커피 잘 마셨어요.

또 오세요.

A Gracias por el café.
B Vuelva cuando quiera.

※ Si alguien ofrece una bebida sin especificar cuál,
la conversación sería:
A 뭐 드시겠어요? "¿Qué le apetece tomar?"
B 녹차 주세요. "Té verde, por favor."

Gramática

커피   시계   책   모자 / 안경

▶ Mire los dibujos y elija la respuesta correcta a la pregunta. (1~4)

1   모자가 (ⓐ 있어요. / ⓑ 없어요.)   2   가방이 (ⓐ 있어요. / ⓑ 없어요.)

3   안경이 (ⓐ 있어요. / ⓑ 없어요.)   4   휴지가 (ⓐ 있어요. / ⓑ 없어요.)

▶ Mire los dibujos y complete los diálogos como en el ejemplo. (5~7)

Ej.   A   시계가 몇 개 있어요?

       B   __세__ 개 있어요.

5   A   안경이 몇 개 있어요?

    B   _____ 개 있어요.

6   A   책이 몇 권 있어요?

    B   _____ 권 있어요.

7   A   커피가 몇 잔 있어요?

    B   _____ 있어요.

▶ Mire los dibujos y complete los diálogos. (8~9)

8

A   우산 (1)_____?

B   네, 있어요.

A   우산이 (2)_____ 있어요?

B   한 개 있어요.

9

A   한국 친구 (1)_____?

B   네, 있어요.

A   한국 친구가 (2)_____?

B   두 명 있어요.

Comprensión auditiva

▶ Escuche el audio y complete las frases como en el ejemplo. (10~13)

Ej.   의자가 __세__ 개 있어요.

10 동생이 _____ 명 있어요.   11 가방이 _____ 개 있어요.

12 표가 _____ 장 있어요.   13 책이 _____ 권 있어요.

▶ Escuche el audio y elija la respuesta correcta a la pregunta.

14 뭐가 가방에 없어요?

ⓐ 안경   ⓑ 우산   ⓒ 지갑   ⓓ 휴지

Comprensión lectora

▶ Lea el texto y complete los huecos de la tabla.

15 제인은 친구가 몇 명 있어요?

> 저는 친구가 열 명 있어요.
> 한국 친구가 네 명, 미국 친구가 세 명, 캐나다 친구가 한 명,
> 일본 친구가 두 명이 있어요.
> 그런데 영국 친구가 없어요. 중국 친구도 없어요.

한국 친구	일본 친구	중국 친구	미국 친구	영국 친구	캐나다 친구
__4__ 명	(1)____ 명	(2)____ 명	(3)____ 명	(4)____ 명	(5)____ 명

Respuestas en pág. 276 y 277

Apuntes culturales

Q ¿Por qué los coreanos emplean términos que designan a parientes como 할아버지 para referirse a personas que no forman parte de su familia?

Por si no fueran suficientes los problemas que habitualmente se nos presentan cuando intentamos hablar otro idioma, en coreano siempre tenemos que enfrentarnos al dilema de cómo llamar a nuestros interlocutores. Siendo extranjeros, los coreanos nos perdonarán por los errores que podamos cometer siempre y cuando no persistamos en ellos. En coreano, jamás debemos llamar a nadie mayor que nosotros por su nombre, sino que tenemos que utilizar un término que designe a un pariente teniendo en cuenta el sexo y la diferencia de edad de nuestro interlocutor.

En la familia, los coreanos siempre se dirigen a aquellos que tienen más edad que ellos mismos con el término que designa una relación familiar similar, de la misma manera que en el mundo hispanohablante no solemos llamar a nuestros padres por sus nombres de pila sino papá y mamá. Algunos de estos términos varían dependiendo del sexo del hablante. Por ejemplo, una mujer llamará 언니 a su hermana mayor y 오빠 a su hermano mayor, mientras que un hombre usará 누나 con su hermana mayor y 형 con su hermano mayor. No obstante, en coreano estos términos se emplean también con personas con las que no se está emparentado. En base a la ideología confuciana que pone la familia como modelo de la organización social en su conjunto, el empleo de términos que designan a parientes, refleja la estructura jerárquica de las relaciones sociales. En esta línea, resulta interesante indicar que el término coreano 친구 solo se puede emplear con personas de la misma edad. Aunque tengamos una relación muy estrecha con alguien, si se trata de alguien mayor que nosotros, aunque solo haya un año de diferencia, jamás podremos llamarlo 친구 sino que tendremos que dirigirnos a él o ella como 오빠, 언니, 형 o 누나, dependiendo de nuestro sexo y del suyo.

Es perfectamente posible dirigirse a una persona de unos 70 u 80 años que nos encontremos en la calle con 할아버지 o 할머니. Aunque 아저씨 y 아줌마 fueran en origen términos para referirse a parientes, en la actualidad se emplean para llamar a cualquier hombre o mujer de 40 o 50 años que nos encontremos a lo largo de nuestra vida cotidiana, como por ejemplo, taxistas y dependientes de tiendas. No obstante, hay que tener cuidado al hacer uso de estos términos, ya que si bien pueden ayudar a crear cierto aire de confianza, también pueden provocar cierta indignación en nuestro interlocutor. Por ejemplo, si llamamos 아줌마 a una mujer de unos 30 años, es probable que esta se muestre poco colaboradora, una reacción que probablemente no sería muy diferente en Occidente si llamáramos señora a una jovencita. De ahí que sea tan importante averiguar la edad de nuestros interlocutores antes de empezar a interaccionar con ellos.

Capítulo 6   전화번호가 몇 번이에요?

- Numerales sinocoreanos
- Cómo leer números de teléfono
- El interrogativo 몇 번 "qué número"
- 이/가 아니에요 "no es + (sustantivo)"
- Cómo leer los numerales sinocoreanos

전화번호가 **몇 번**이에요?
¿Cuál es tu número de teléfono?

010-9729-8534예요.
Es el 010-9729-8534.

Los numerales sinocoreanos

Además de los numerales autóctonos vistos en el capítulo anterior, los cuales se usan principalmente para contar, existe otra serie de numerales que son de origen chino y que se emplean para las cifras.

1	2	3	4	5	6	7	8	9	10
일	이	삼	사	오	육	칠	팔	구	십

Cómo leer números de teléfono

Se usan los numerales sinocoreanos con los números de teléfono. Al leer un número de teléfono, en coreano se da cada cifra por separado. El cero '0' se lee [공] y el guion '-', [에].

0	1	0	-	9	7	2	9	-	8	5	3	4
공	일	공	[에]	구	칠	이	구	[에]	팔	오	삼	사

El interrogativo 몇 번 "qué numero"

몇 번 se utiliza para preguntar por un número, por ejemplo, el número de teléfono, el número de licencia de conducir, el número de un billete o el número de una plaza de aparcamiento. No se puede utilizar para preguntar por cantidades.

A 회사 전화번호가 몇 번이에요?   ¿Cuál es el número de teléfono de la empresa?

B 6359-4278이에요.   Es el 6359-4278.

이/가 아니에요 "no es + (sustantivo)"

Anexo pág 267

La estructura 이/가 아니다 sirve para expresar la ecuación A≠B; es decir, que el sujeto de la oración A no se corresponde con el atributo de la oración B. Es importante recordar que la partícula 이/가 se añade al atributo B, no al sujeto A, ya que en las frases negativas se usa para indicar lo que el sujeto no es. En estos casos, al sujeto de la oración se le suele añadir la partícula 은/는 en lugar de 이/가, aunque también es muy común su omisión en el lenguaje oral.

Tras sustantivos terminados en vocal	Tras sustantivos terminados en consonante
(저는) 가수가 아니에요. (Yo) no soy cantante.	(폴은) 선생님이 아니에요. (Paul) no es profesor.

Cómo leer los numerales sinocoreanos

millares	centenas	decenas	
천	백	십	
		6 육십	7 칠
	1 백	2 이십	9 구
5 오천	3 삼백	8 팔십	4 사

! ¡Cuidado!

En coreano, al igual que en español, no es necesario incluir "un(o)" cuando hay un único millar o una única centena, por lo que "1.000" no ha de leerse "un mil", sino simplemente "mil"; y "100" no ha de leerse "un cien", sino simplemente "cien":

백 이십 구 (o) Ciento veinte y nueve
일백 이십 구 (x)

Pista **074**

Satoru	Por algún casual, ¿sabrías el teléfono de Paul?
Jina	Sí, lo sé.
Satoru	¿Cuál es su número de teléfono?
Jina	Un momento, por favor. Es el 010-7428-9135.
Satoru	010-7428-9135. ¿Es correcto?
Jina	Sí, es correcto.
Satoru	Gracias.
Jina	De nada.

사토루 혹시 폴 씨 전화번호 알아요?

지나 네, 알아요.

사토루 폴 씨 전화번호가 몇 번이에요?

지나 잠깐만요. 010-7428-9135예요.

사토루 010-7428-9135 맞아요?

지나 네, 맞아요.

사토루 고마워요.

지나 아니에요.

Nuevo vocabulario

혹시 por algún casual

전화번호 número de teléfono

몇 cuántos

번 número

몇 번 qué número

Nuevas expresiones

혹시 … 알아요?
¿Sabrías por algún casual …?

전화번호가 몇 번이에요?
¿Cuál es el número de teléfono?

잠깐만요.
Un momento, por favor.

맞아요. Es correcto.

고마워요. Gracias.

아니에요. De nada.

Aclaraciones

★ **혹시 "por algún casual"**

El adverbio 혹시 se coloca al principio de preguntas para indicar una suposición. En el caso de suposiciones en frases enunciativas, se usa 아마, que significa "quizá".

A 혹시 앤 씨 전화번호를 알아요?
Por algún casual, ¿sabrías el número de teléfono de Ann?

B 아마 마크 씨가 알 거예요. Quizá Mark lo sepa.
(Estudiaremos el tiempo futuro en el capítulo 15.)

★ **고마워요. "Gracias."**

Esta es una fórmula habitualmente empleada para expresar agradecimiento en situaciones menos formales y con interlocutores a los que no sea necesario tratar con gran deferencia.

Yujin	Paul, ¿sabrías por algún casual el número de teléfono de la casa de Mark?
Paul	No, no lo sé. Pero tengo el número de teléfono de su compañía.
Yujin	¿Cuál es el número de la compañía de Mark?
Paul	Un momento, por favor. Es el 6942-7143.
Yujin	6942-7243. ¿Es correcto?
Paul	No, no es 7243. Es 7143.
Yujin	Gracias.

유진　폴 씨, 혹시 마크 씨 집 전화번호 알아요?

폴　아니요, 몰라요.
　　그런데 회사 전화번호는 알아요.

유진　마크 씨 회사 전화번호가 몇 번이에요?

폴　잠깐만요. 6942-7143이에요.

유진　6942-7243 맞아요?

폴　아니요. 7243이 아니에요. 7143이에요.

유진　감사합니다.

Nuevo vocabulario

집 casa

그런데 pero

회사 compañía, empresa

은/는 la partícula de contraste

Nuevas expresiones

7243이 아니에요.
No es 7243.

Aclaraciones

★ **La partícula de contraste 은/는**

Otra función de la partícula 은/는 es indicar contraste o enfatizar alguna diferencia. En el ejemplo de abajo, el hablante no sabe cuál es el número de teléfono de la casa de alguien, pero sí sabe su número de móvil.

A 집 전화번호 알아요?　　　　　　　　¿Sabes el número de teléfono de su casa?

B 아니요, 그런데 핸드폰 번호는 알아요.　　No, pero sí sé su número de móvil.

★ **아니요 contra 아니에요**

Mientras que 아니요 se emplea para contestar "no" a preguntas si la respuesta es negativa, 아니에요 es la forma negativa del verbo -예요/이에요. La forma 아니에요 suele ir precedida por un sustantivo seguido de 이/가.

Ej. 1　A 의사예요?　　¿Eres médico?　　　　Ej. 2　저는 의사가 아니에요.　　No soy médico.
　　　B 아니요.　　　No.

● 잠깐만요 [잠깐마뇨]

En coreano, cuando una palabra acaba en consonante y le sigue otra que empieza por vocal, esa consonante se pronuncia junto a esa vocal, de manera que '잠깐만요' se pronunciaría [잠깐마뇨]. Sin embargo, en realidad, muchos coreanos la pronuncian [잠깐만뇨]. Es habitual que a las palabras que comienzan por 이, 야, 여, 요, 유, se les añada una 'ㄴ' si van precedidas por palabras acabadas en 'ㄴ' o 'ㅁ', de manera que 이, 야, 여, 요, 유 se suelen pronunciar [니, 냐, 녀, 뇨 ,뉴].

그럼요 [그러묘]

Vocaburario adicional

Pista 077

| ① | ② | ③ | ④ | ⑤ | ⑥ | ⑦ |
| ⑧ | ⑨ | ⑩ | ⑪ | ⑫ | ⑬ | ⑭ |

1	컴퓨터	ordenador	6	스피커	altavoz	11	전자레인지	microondas
2	노트북	ordenador portátil	7	정수기	dispensador de agua	12	세탁기	lavadora
3	전화(기)	teléfono	8	에어컨	aire acondicionado	13	청소기	aspiradora
4	팩스	fax	9	선풍기	ventilador	14	다리미	plancha
5	텔레비전	televisor	10	냉장고	frigorífico, heladera			

Pista 078

Expresiones telefónicas

A ¿Hola? / ¿Sí? / ¿Diga?
B ¿Hola? / ¿Oiga?

Al inicio de una conversación telefónica.

※ Al finalizar una llamada formal, se deberá usar:
안녕히 계세요. "Adiós."

A ¿Podría ponerme con Mark, por favor?
B Sí, un momento, por favor.

Al pedir que nos pongan con otra persona.

A ¿Podría ponerme con Mark, por favor?
B Ahora no está.

Cuando la persona por la que preguntan, no está.

※ Si queremos averiguar la identidad de la persona
que llama, deberemos decir: 실례지만, 누구세요?
"Disculpe, ¿quién llama?"

A ¿Podría ponerme con Tom, por favor?
B Se ha equivocado de número.

Al llamar a otro número.

Gramática

▸ Escriba los siguientes números de teléfono como en el ejemplo. (1~2)

전화번호가 몇 번이에요?

Ej. 3542-3068 → <u>삼오사이에 삼공육팔이에요.</u>

1 6734-5842 → _____.

2 010-4328-9267 → _____.

▸ Mire los dibujos y complete los diálogos. (3~4)

3 A 이게 책상이에요?

B 아니요, 책상_____ 아니에요. 의자예요.

4 A 이게 시계예요?

B 아니요, _____. 가방이에요.

▸ Señale la opción correcta para completar las frases. (5~6)

5 전화가 있어요. 텔레비전이 있어요. 그런데 컴퓨터(은 / 는) 없어요.

6 가방이 있어요. 책이 있어요. 그런데 지갑(은 / 는) 없어요.

Comprensión auditiva

▶ Escuche el audio y elija la respuesta correcta a la pregunta. (7~8)

Pista 079

7   병원 전화번호가 몇 번이에요?

ⓐ 794-5269예요.

ⓑ 794-5239예요.

ⓒ 784-5269예요.

8   유진 씨 핸드폰 번호가 몇 번이에요?

ⓐ 010-4539-6027이에요.

ⓑ 010-4529-6027이에요.

ⓒ 010-4539-8027이에요.

▶ Escuche el audio y elija la afirmación que sea correcta.

Pista 080

9   ⓐ 폴이 핸드폰이 없어요.   ⓑ 폴이 제인 씨 집을 알아요.

ⓒ 폴이 제인 씨 집 전화번호를 알아요.   ⓓ 폴이 제인 씨 핸드폰 번호를 알아요.

Comprensión lectora

▶ Lea el diálogo y complete el hueco con la opción adecuada.

10

A 혹시 제임스 씨 집 전화번호 알아요?

B 아니요, (1) _____

A 그럼, 제임스 씨 사무실 전화번호 알아요?

B 네, 사무실 전화번호는 알아요.

A 전화번호가 (2) _____

B 7495-0342예요.

(1) ⓐ 알아요.

ⓑ 몰라요.

ⓒ 있어요.

(2) ⓐ 몇 번이에요?

ⓑ 몇 개 있어요?

ⓒ 몇 번 있어요?

Respuestas en pág. 277

Apuntes culturales

Q **¿Por qué los coreanos dicen tener uno o dos años más de los que en realidad tienen?**

Como ya se ha mencionado previamente, la edad es algo de gran importancia para los coreanos, ya que determina el estatus de uno en la sociedad y la manera en la que se debe interactuar con los demás. Otra curiosidad relativa a la edad es que en Corea se calcula de manera diferente a cómo se hace en Occidente.

En primer lugar, los coreanos comienzan a contar desde la concepción, no desde el nacimiento, por lo que un recién nacido ya cuenta con un año de edad. Por otra parte, los coreanos no piensan que cumplan un año más el día de su nacimiento, sino que por el contrario, al acabar el año y empezar el nuevo año del calendario lunar, comen 떡국, una sopa hecha con pasta de arroz, y con ella se comen un año más de edad, lo que en coreano se dice 한 살을 먹다. Por ello, a la hora de cumplir años, no importa el día del nacimiento de cada uno, ya que todos cumplen un año más el primer día del nuevo año lunar. Esta es la razón por la que los coreanos dicen tener uno o dos años más de los que en realidad tendrían si calcularan su edad a la manera occidental.

Esta diferencia en la manera de computar la edad de las personas significa que, por ejemplo, un niño nacido en diciembre nace ya con un año de edad y que cumplirá dos años al comenzar el nuevo año lunar en enero o febrero. En Corea es habitual que se pregunte la edad en documentos oficiales, a lo que se puede contestar por medio de la fecha de nacimiento (año/mes/día) o por la edad al estilo occidental con 만, siendo esta última opción muy popular entre aquellos que quieren quitarse uno o dos años de encima.

Capítulo 7   생일이 며칠이에요?

- Las fechas (año, mes, día)
- Los interrogativos 언제 "cuándo" y 며칠 "qué día"
- Los días de la semana 요일
- Valor temporal de la partícula 에

생일이 **며칠**이에요?
¿Qué día es tu cumpleaños?

9월 24일이에요.
Es el 24 de septiembre.

● Las fechas (año, mes, día)

En coreano, para las fechas se utilizan los numerales sinocoreanos, dando prioridad a las unidades de mayor extensión temporal sobre aquellas más pequeñas. Es decir, el orden es, primero, el año, después, el mes y, por último, el día.

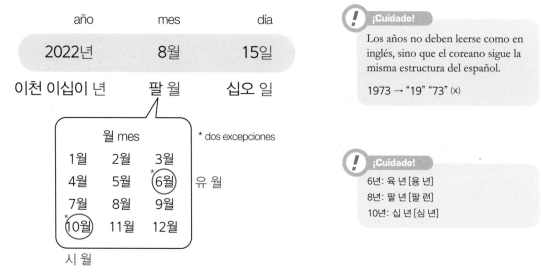

año	mes	día
2022년	8월	15일
이천 이십이 년	팔 월	십오 일

월 mes · * dos excepciones

1월	2월	3월
4월	5월	*6월
7월	8월	9월
*10월	11월	12월

유 월

시 월

> **! ¡Cuidado!**
>
> Los años no deben leerse como en inglés, sino que el coreano sigue la misma estructura del español.
>
> 1973 → "19" "73" (x)

> **! ¡Cuidado!**
>
> 6년: 육 년 [융 년]
> 8년: 팔 년 [팔 련]
> 10년: 십 년 [심 년]

● Los interrogativos 언제 "cuándo" y 며칠 "qué día"

Anexo pág. 264

Para preguntar por el momento en el que algo ocurrió u ocurrirá, se usa el interrogativo 언제, pero si se quiere saber la fecha exacta, se debe usar 며칠.

> **! ¡Cuidado!**
>
> Para preguntar por la fecha de hoy:
>
> 오늘이 며칠이에요? (o)
> 오늘이 언제예요? (x)

1 A 생일이 언제예요? ¿Cuándo es tu cumpleaños?

  B 3월 17일이에요. Es el 17 de marzo.

2 A 한글날이 며칠이에요? ¿Qué día es el Día de hangul?

  B 10월 9일이에요. Es el 9 de octubre.

Los días de la semana 요일

월요일	화요일	수요일	목요일	금요일	토요일	일요일
lunes	martes	miércoles	jueves	viernes	sábado	domingo

En coreano, los días de la semana se ubican después de las fechas.
Ej. 2022년 8월 15일 월요일

A 오늘이 무슨 요일이에요?   ¿Qué día de la semana es hoy?

B 토요일이에요.   Es sábado.

Valor temporal de la partícula 에

En coreano, los complementos circunstanciales de tiempo suelen ir seguidos de la partícula 에.

A 언제 태권도 수업이 있어요?   ¿Cuándo es la clase de taekwondo?

B 토요일에 있어요.   Es el sábado.

La partícula 에 se coloca inmediatamente después del último elemento de una fecha o de un grupo de palabras que hagan referencia a un momento concreto.

A 다음 달 15일 저녁에 시간 있어요?   ¿Tienes tiempo el 15 del próximo mes en la noche?

B 미안해요. 시간 없어요.   Lo siento. No tengo tiempo.

Pista 081

6월 14일이에요.

며칠이에요?

Paul	Jina, ¿qué día es tu cumpleaños?
Jina	Es el 14 de junio. ¿Cuándo es tu cumpleaños, Paul?
Paul	Es este viernes. ¿Tienes tiempo el viernes?
Jina	Sí, tengo tiempo.
Paul	Comamos juntos entonces.
Jina	Muy bien.

폴　지나 씨, 생일이 며칠이에요?

지나　6월 14일이에요.
　　　폴 씨는 생일이 언제예요?

폴　이번 주 금요일이에요.
　　　금요일에 시간 있어요?

지나　네, 시간 있어요.

폴　그럼, 그때 같이 식사해요.

지나　좋아요.

Nuevo vocabulario

생일 cumpleaños

며칠 qué día

월 mes

일 día (del mes)

언제 cuándo

이번 주 esta semana

금요일 viernes

에 partícula que indica fechas y horas

시간 tiempo

그때 entonces

같이 juntos

식사해요 comer

Nuevas expresiones

생일이 며칠이에요?
¿Qué día es tu cumpleaños?

생일이 언제예요?
¿Cuándo es tu cumpleaños?

금요일에 시간 있어요?
¿Tienes tiempo el viernes?

그때 같이 식사해요.
Comamos juntos entonces.

좋아요.
(Muy) bien. / De acuerdo.

Aclaraciones

★ 그때 같이 식사해요. "Comamos juntos entonces."
La palabra 같이 se usa para indicar que una acción se llevará a cabo de manera conjunta con otra u otras personas. En contextos informales, es normal usar "그때 같이 식사해요", pero en caso de estar en una situación formal, se ha de emplear la terminación verbal -(으)ㅂ시다. En otras palabras, se debería decir "그때 같이 식사합시다.".

★ 좋아요. "(Muy) bien. / De acuerdo."
Se usa para indicar que aceptamos o que nos parece bien una propuesta.

Yujin	¡Feliz cumpleaños, Paul!
Paul	Muchas gracias. ¿Cuándo es tu cumpleaños, Yujin?
Yujin	Es el decimoquinto día del octavo mes del calendario lunar.
Paul	¿El decimoquinto día del octavo mes del calendario lunar? Entonces, ¿tu cumpleaños cae en Chuseok?
Yujin	Sí, efectivamente.
Paul	Ah, ¿en serio?

유진   폴 씨, 생일 축하합니다.

폴   감사합니다.
      유진 씨는 생일이 언제예요?

유진   음력 8월 15일이에요.

폴   음력 8월 15일, 그럼, 추석이 생일이에요?

유진   네, 맞아요.

폴   아, 그래요?

Nuevo vocabulario

음력 calendario lunar

추석 Chuseok (fiesta de la cosecha)

Nuevas expresiones

축하합니다.
Felicidades.

생일 축하합니다.
Feliz cumpleaños.

Aclaraciones

★ **생일 축하합니다. "¡Feliz cumpleaños!"**
Para felicitar a alguien por algo, se usa "축하합니다". La causa de la felicitación, un sustantivo, puede colocarse delante.

★ **음력 생일 "Cumpleaños según el calendario lunar"**
Los coreanos usaron exclusivamente el calendario lunar hasta 1894, el año en el que se introdujo el calendario solar occidental y empezó la coexistencia de ambos en territorio coreano. Las fechas del calendario lunar suelen caer aproximadamente un mes después de sus homónimas solares. Actualmente, por influencia de Occidente, el calendario solar es el empleado por la mayor parte de las instituciones y en casi todos los documentos oficiales, aunque existen algunas fiestas nacionales que aún hoy se rigen por el calendario lunar como Seollal (el Año Nuevo lunar), Chuseok (la fiesta de la cosecha) y algunas otras fiestas tradicionales. Por otra parte, la gente mayor en Corea todavía suele celebrar su cumpleaños según el calendario lunar.

● 축하 [추카]

Cuando una sílaba termina en 'ㄱ', 'ㄷ', 'ㅈ' y la siguiente sílaba comienza por 'ㅎ' o al contrario, la combinación resultante de esas combinaciones es [ㅋ], [ㅌ], [ㅊ] respectivamente.

(1) ㄱ → [ㅋ] 국화 [구콰], 어떻게 [어떠케]

(2) ㄷ → [ㅌ] 맏형 [마텽], 좋다 [조타]

(3) ㅈ → [ㅊ] 젖히다 [저치다], 넣지 [너치]

Vocaburario adicional

Pista 084

① 지난달
el mes pasado

② 이번 달
este mes

③ 다음 달
el próximo mes

! ¡Cuidado!

*작년 se pronuncia [장년].
작년 el año pasado
올해 este año
내년 el próximo año

④ 지난주
la semana pasada

⑤ 이번 주
esta semana

⑥ 다음 주
la próxima semana

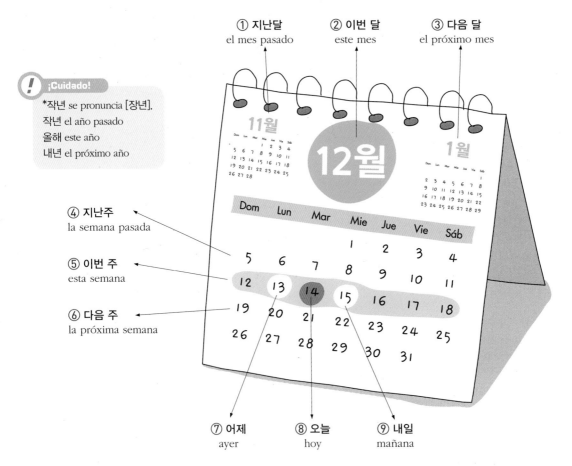

⑦ 어제
ayer

⑧ 오늘
hoy

⑨ 내일
mañana

Pista 085

En una fiesta

축하합니다. 감사합니다.

A ¡Felicidades! / ¡Enhorabuena!
B Gracias.

Al felicitar a alguien.

맛있게 드세요. 네, 감사합니다.

A ¡Buen provecho!
B Gracias.

Al desearle a alguien que le aproveche la comida.

※ Cuando alguien nos invita a comer, antes de empezar, debemos decir:
잘 먹겠습니다. "Gracias (lit.: Voy a comer bien)."

더 드세요. 아니요. 괜찮아요.

A Coma un poco más, por favor.
B No, he comido suficiente.

Al servirle a alguien más comida.

※ Si nos han invitado a comer, al final de la comida deberemos decir:
잘 먹었습니다. "Gracias (lit.: He comido bien)."

Gramática

▸ Escriba en hangul las siguientes fechas como en el ejemplo. (1~2)

며칠이에요?

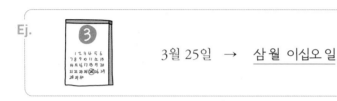

Ej.   3월 25일 → <u>삼 월 이십오 일</u>

1   7월 14일 → _____   2   10월 3일 → _____

▸ Elija la opción correcta para completar los diálogos. (3~5)

3   A   생일이 (ⓐ 어디예요? / ⓑ 며칠이에요?)

    B   3월 31일이에요.

4   A   파티가 (ⓐ 언제예요? / ⓑ 어디예요?)

    B   다음 주 금요일이에요.

5   A   오늘이 (ⓐ 언제예요? / ⓑ 며칠이에요?)

    B   9월 4일이에요.

▸ Escriba la respuesta correcta para completar los diálogos. (6~7)

6   A   언제 파티가 있어요?

    B   11월 15일_____파티가 있어요.

7   A   _____ 회의가 있어요?

    B   다음 주 월요일에 회의가 있어요.

Comprensión auditiva

▶ Escuche el audio y elija la respuesta correcta a cada pregunta. (8~9)

Pista 086

8 파티가 언제예요?

    ⓐ 7월 13일   ⓑ 7월 14일   ⓒ 8월 13일   ⓓ 8월 14일

9 파티가 무슨 요일이에요?

    ⓐ 금요일   ⓑ 토요일   ⓒ 일요일   ⓓ 월요일

Comprensión lectora

▶ Lea el texto y elija la respuesta correcta a las preguntas. (10~11)

10월 8일이 리에 씨 생일이에요. 목요일이에요.
그런데 목요일에 시간이 없어요.
그래서 리에 씨가 10월 9일 금요일에 파티해요.

10 리에 씨 생일이 며칠이에요?

    ⓐ 시 월 팔 일   ⓑ 시 월 구 일   ⓒ 십 월 팔 일   ⓓ 십 월 구 일

11 뭐가 맞아요?

    ⓐ 리에 씨 생일이 금요일이에요.   ⓑ 리에 씨가 10월 8일에 파티해요.

    ⓒ 리에 씨가 목요일에 시간이 있어요.   ⓓ 리에 씨 생일 파티가 금요일이에요.

Respuestas en pág. 277

Apuntes culturales

쌀 prosperidad · 실 longevidad · 연필 diligencia · 돈 riqueza · 마이크 cantante · 책 diligencia académica

Q   ¿Has estado alguna vez en una fiesta de cumpleaños típica coreana?

En cada cultura los cumpleaños se celebran de distinta manera siguiendo tradiciones muy diferentes y se festejan con especial énfasis ciertas edades. Los judíos, por ejemplo, celebran su Bar / Bat Mitzvá a los trece, mientras que para muchos estadounidenses los 16 o los 21 son ese cumpleaños especial. Para los coreanos, por su parte, el primer cumpleaños y el sexagésimo son los más especiales. El primer cumpleaños se denomina 돌잔치 y el sexagésimo recibe el nombre de 환갑.

En el pasado, cuando la tasa de mortalidad era alta, con el 돌잔치 se celebraba que el niño hubiera sobrevivido. Los parientes y amigos cercanos se reunían ese día para comer juntos y celebrar la buena salud del bebé, además de intentar predecir cuál sería su destino. La práctica adivinatoria empleada se llama 돌잡이 y consiste en dejar al niño frente a una mesa sobre la que se han depositado diferentes cosas, tales como granos de arroz, un lápiz o una madeja de hilo, para ver qué es lo que agarra el pequeño. Cada uno de los objetos depositados en la mesa representa un destino diferente para el niño, por lo que la elección del pequeño estaría indicando cuál sería el futuro que le aguarda. Por ejemplo, en caso de elegir el arroz, se cree que al niño le espera una vida próspera en la que no le faltará de comer ni tendrá muchas preocupaciones. Si, por el contrario, el niño se decanta por el lápiz o el libro, esto se interpreta como que el niño tendrá éxito en los estudios, mientras que la madeja de hilo augura una larga vida. En los últimos años, la gente coloca también sobre la mesa objetos tales como dinero, billetes de lotería o un micrófono para representar profesiones y estilos de vida actuales.

El sexagésimo cumpleaños 환갑 también tiene su origen en una época del pasado en la que pocos lograban llegar a los 60 años, por lo que es una celebración de la longevidad de los padres. En esta ocasión los hijos suelen organizar una gran fiesta por el 환갑 (también llamado a veces simplemente 회갑) de sus padres regalándoles ropa e invitando a todos los parientes a unirse a la celebración.

Capítulo 8

보통 아침 8시 30분에 회사에 가요.

- La hora
- Las formas interrogativas 몇 시 "qué hora" y 몇 시에 "a qué hora"
- Partícula que indica del destino de un desplazamiento 에
- Las partículas de acotación temporal
  …부터 …까지 "de / desde … a / hasta …"

지금 **몇 시**예요?
¿Qué hora es ahora?

오후 **1시 25분**이에요.
Es la una y veinticinco de la tarde.

● La hora

Los numerales empleados para las horas, los minutos y los segundos son diferentes. Mientras que para las horas se hace uso de los numerales autóctonos coreanos, para los minutos y los segundos se emplean los numerales sinocoreanos.

10시	10분
열	십
numeral autóctono	numeral sinocoreano

2시
두

6시
여섯

11시
열한

1시 20분
한 이십

4시 45분
네 사십오

7시 30분
일곱 삼십
= 반 (media hora)

Al hablar, los coreanos suelen emplear el sistema duodecimal para indicar la hora y se antepone a esta la parte del día.

아침 8시예요.   Son las 8 de la mañana.

저녁 8시예요.   Son las 8 de la tarde.

● La forma interrogativa **몇 시** "qué hora"

Anexo pág. 265

Para preguntar la hora, en coreano se usa 몇 시.

1   A   지금 몇 시예요?   ¿Qué hora es ahora?

    B   2 (두) 시예요.   Son las dos.

2   A   지금 몇 시예요?   ¿Qué hora es ahora?

    B   7 (일곱) 시 45 (사십오) 분이에요.   Son las siete y cuarenta y cinco.

몇 시에 학교에 가요?
¿A qué hora vas a la escuela?

보통 9시에 가요.
Suelo ir a las nueve.

● Partícula que indica del destino de un desplazamiento 에

Con los verbos 가요/와요 (ir/venir), se utiliza la partícula 에 para indicar el destino, colocándose dicha partícula inmediatamente después del destino. Recordemos que en capítulo 4 vimos que esta partícula también se usa con valor locativo con los verbos 있어요/없어요.

A   어디에 가요?   ¿Adónde vas?

B   학교에 가요.   Voy a la escuela.

● La forma interrogativa 몇 시에 "a qué hora"

Para preguntar por la fecha en la que algo sucede, se emplea la forma interrogativa 몇 시 seguida de la partícula 에.

A   몇 시에 집에 가요?   ¿A qué hora vas a la casa?

B   저녁 8시에 집에 가요.   Voy a la casa a las ocho de la tarde.

● Las partículas de acotación temporal
···부터 ···까지 "de / desde ··· a / hasta ···"

Anexo pág. 268

Para expresar la duración de un evento, se suele indicar la hora a la que comienza con 부터 y la hora a la que termina con 까지.

오후 3시부터 5시까지 회의가 있어요.   Tengo una reunión de tres a cinco.

También es posible usar estas partículas para hacer énfasis.

A   언제부터 휴가예요?   ¿A partir de cuándo son las vacaciones?

B   내일부터 휴가예요.   A partir de mañana.

몇 시에
회사에 가요?

Jane	Inho, ¿adónde vas ahora?
Inho	Voy a la empresa.
Jane	(Ahora) Son las siete. ¿Vas siempre (lit. todos los días) tan temprano a la empresa?
Inho	No, es que esta mañana tengo trabajo.
Jane	Ah, ¿sí? ¿A qué hora sueles ir a la empresa?
Inho	Suelo ir a la empresa a las ocho y media de la mañana.
Jane	Entonces, ¿a qué hora sueles volver (lit. venir) a casa?
Inho	Suelo volver (lit. venir) a casa a las siete de la tarde.

제인　인호 씨, 지금 어디에 가요?

인호　회사에 가요.

제인　지금 7시예요. 매일 일찍 회사에 가요?

인호　아니요, 오늘 아침에 일이 있어요.

제인　그래요? 보통 몇 시에 회사에 가요?

인호　보통 아침 8시 30분에 회사에 가요.

제인　그럼, 보통 몇 시에 집에 와요?

인호　보통 저녁 7시 반에 집에 와요.

Aclaraciones

★ **Las partículas con 가요 / 와요 "ir / venir"**

Al usar los verbos 가요 y 와요, el destino se indica añadiendo la partícula 에 al lugar al que el sujeto se dirija. Para indicar el origen, se añade la partícula 에서 al lugar de donde viene el sujeto.

폴 씨가 저녁 7시에 집에 가요.	Paul va a casa a las siete de la tarde.
선생님이 우리 집에 와요.	El profesor viene a nuestra casa.
마크 씨가 미국에서 왔어요.	Mark es (lit. ha venido) de Estados Unidos.

★ **몇 시에 contra 언제**

Se puede usar 언제 en lugar de 몇 시에 en estos casos, pero no se puede usar con la partícula 에.

몇 시에 집에 와요? = 언제 (o) 언제에 (x)

Nuevo vocabulario

지금 ahora

에 partícula que indica fechas, horas y la dirección

가요 ir

시 hora

매일 todos los días

일찍 temprano

오늘 hoy

아침 mañana

일 trabajo, asunto

보통 normalmente

몇 시에 a qué hora

분 minuto

와요 venir

저녁 tarde

반 medio/a

Nuevas expresiones

지금 어디에 가요?
¿Adónde vas ahora?

오늘 아침에 일이 있어요.
Esta mañana tengo trabajo.

보통 몇 시에 회사에 가요?
¿A qué hora vas normalmente a la empresa?

몇 시에 집에 와요?
¿A qué hora vienes a la casa?

Pista 088

Rie	¿Adónde vas ahora, Paul?
Paul	Voy a la universidad.
Rie	¿De qué hora a qué hora sueles tener clase?
Paul	Suelo tener clase desde las nueve de la mañana hasta la una de la tarde.
Rie	Entonces, ¿a qué hora regresas a casa?
Paul	Regreso (lit. vengo) a casa sobre las tres de la tarde.

리에　폴 씨, 지금 어디에 가요?

폴　학교에 가요.

리에　보통 몇 시부터 몇 시까지 수업이 있어요?

폴　보통 아침 9시부터 오후 1시까지 수업이 있어요.

리에　그럼, 몇 시에 집에 와요?

폴　오후 3시쯤에 집에 와요.

Aclaraciones

★ **De mayor a menor: la hora**

Al igual que ocurre con las fechas, al dar la hora, las unidades de tiempo se usan en orden descendente.

금요일 아침 9시 (o)　　　9시 아침 금요일 (x)

★ **Orden habitual de los componentes de la frase: (hora)에 + (lugar) 에 + 와요**

En coreano, el orden de las palabras es bastante libre. Por ello, con excepción del verbo 와요, que siempre ha de ir al final de la frase, los demás elementos de la frase pueden colocarse en cualquier parte de la misma.

저녁 7시에 집에 와요.　　　Vengo a casa a las siete de la tarde.

★ **쯤 "aproximadamente, en torno a, alrededor de"**

Se emplea para dar cifras aproximadas.

Nuevo vocabulario

학교 escuela (este término abarca desde escuelas primarias hasta universidades)

부터 de, desde

까지 a, hasta

수업 clase

오후 tarde

쯤 sobre, aproximadamente, en torno a

Nuevas expresiones

학교에 가요.
Voy a la universidad.

몇 시부터 몇 시까지 수업이 있어요?
¿De qué hora a qué hora tienes clase?

오후 3시쯤에 집에 와요.
Regreso a casa sobre las tres de la tarde.

Pista 089

옷 [옫], 옷이 [오시]

Como podemos ver en el primer ejemplo, cuando el consonante final 'ㅅ' de 옷 se encuentra en posición final de sílaba y no va seguida por una sílaba que empiece por vocal, se pronuncia como [ㄷ].

Sin embargo, como se ve en el segundo ejemplo, si una 'ㅅ' final va seguida por una sílaba que comienza por un sonido vocálico, como en 옷이, recupera su pronunciación original.

(1) 낮 [낟], 낮이 [나지]

(2) 앞 [압], 앞에 [아페]

(3) 부엌 [부억], 부엌에 [부어케]

Vocaburario adicional

Pista 090

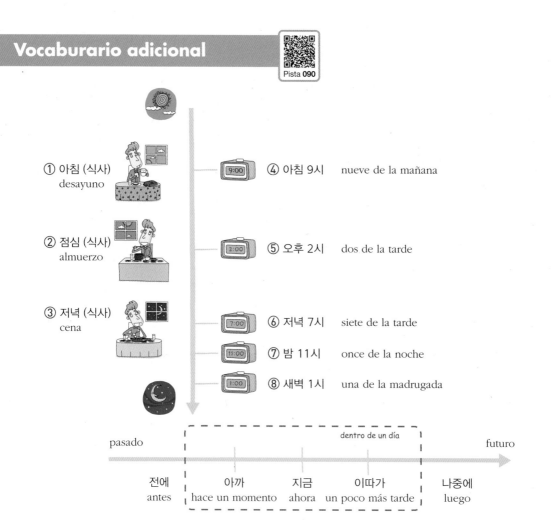

① 아침 (식사) desayuno

② 점심 (식사) almuerzo

③ 저녁 (식사) cena

④ 아침 9시   nueve de la mañana

⑤ 오후 2시   dos de la tarde

⑥ 저녁 7시   siete de la tarde

⑦ 밤 11시   once de la noche

⑧ 새벽 1시   una de la madrugada

pasado		dentro de un día		futuro
전에	아까	지금	이따가	나중에
antes	hace un momento	ahora	un poco más tarde	luego

Pista 091

En coreano existen diferentes maneras de disculparse según la situación en la que se hable y con quién se hable.

Disculpas

A Disculpe.

B No pasa nada.

Disculpa cortés empleada en situaciones formales. Por ejemplo, al disculparse con un cliente, con alguien de más edad o con un desconocido.

A Perdone.

B Está bien.

Disculpa cortés empleada en situaciones que no son muy formales pero que tampoco son informales. Por ejemplo, hablando con un compañero de trabajo.

A Perdona.

B Tranquilo.

Disculpa informal empleada con gente con la que se tiene confianza. Por ejemplo, con un compañero de clase o con un amigo de la infancia.

Gramática

▶ Mire el dibujo y escriba la hora como en el ejemplo. (1~2)

지금 몇 시예요?

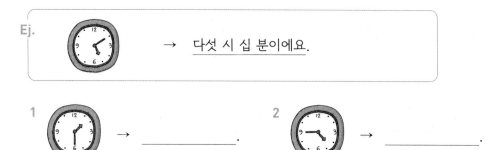

Ej. → 다섯 시 십 분이에요.

1 → _____.

2 → _____.

▶ Mire los dibujos y rellene los huecos de los diálogos como en el ejemplo. (3~4)

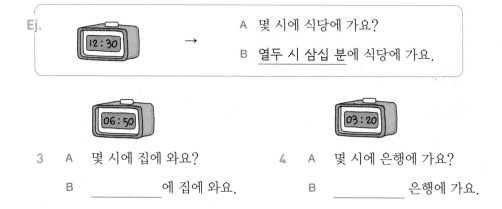

Ej. → A 몇 시에 식당에 가요?
B 열두 시 삼십 분에 식당에 가요.

3 A 몇 시에 집에 와요?
B _____에 집에 와요.

4 A 몇 시에 은행에 가요?
B _____ 은행에 가요.

▶ Mire los dibujos y rellene los huecos de los diálogos. (5~6)

5 A 몇 시부터 몇 시까지 회의가 있어요?
B 1시_____ 2시 30분_____ 회의가 있어요.

6 A 몇 시부터 몇 시까지 수업이 있어요?
B _____ 수업이 있어요.

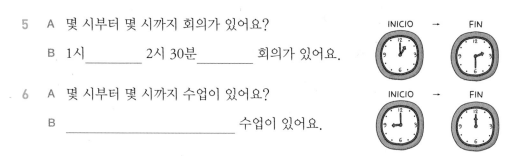

INICIO → FIN

INICIO → FIN

Comprensión auditiva

▸ Escuche el audio e indique en cada reloj las horas que escuche. (7~9)

Pista 092

7

8

9

▸ Escuche el audio y escriba las respuestas correctas a las preguntas.

Pista 093

10 인호 씨가 어디에 가요?   회사 → (1) _____ → 집

몇 시에 가요?

(2)   (3)
[:] → [04 : 20] → [:]

Comprensión lectora

▸ Lea el texto y complete los huecos de la tabla.

11

AGENDA	
HORA	PLAN
(1)	학교
10:00~1:00	(2)
(3)	회사
(4)	회의
7:00	(5)

아홉 시 삼십 분에 학교에 가요.

열 시부터 한 시까지 한국어 수업이 있어요.

그리고 두 시에 회사에 가요.

세 시 반부터 다섯 시까지 회의가 있어요.

일곱 시에 집에 가요.

Respuestas en pág. 277

Apuntes culturales

Q ¿Cuál es la mejor manera de saludar a un coreano?

Cuando uno se encuentra con alguien, en coreano se saluda diciendo "안녕하세요?" independientemente de la hora del día que sea. No existen saludos equivalentes a "buenos días." o "buenas tardes."

En el caso de que nos encontremos con alguien por la mañana y otra vez por la tarde, es habitual saludar preguntando "식사했어요?", que literalmente significa "¿Ya has comido?". Es muy habitual hacer esta pregunta en torno a la hora de comer, por lo que hay que tener en cuenta que no se trata de una invitación a comer sino de un mero saludo.

En Corea la comida suele ser un tema bastante habitual en las conversaciones triviales que suelen seguir a los saludos. Por ejemplo, es probable que un amigo con el que nos encontremos en la calle, después de preguntarnos si hemos comido, nos proponga ir luego a tomarnos algo. No obstante, no debemos tomarnos estas propuestas en serio, ya que en la mayor parte de los casos se tratan de simples saludos y cortesías.

En el caso de recibir por parte de un coreano una invitación a comer, podremos comprobar que los coreanos no son en absoluto tacaños. Las normas de cortesía coreanas exigen al anfitrión asegurarse de que los invitados sean agasajados con comida en abundancia sin que se corra el riesgo de que esta se acabe. De ahí que el anfitrión diga al principio de la comida "많이 드세요", que literalmente quiere decir "Coman mucho".

Suele ser tarea imposible comer todo lo que el anfitrión ha preparado, por lo que en estas ocasiones es muy común que los invitados coman en exceso.

Cuando se presente la oportunidad, no deje de usar las expresiones "식사했어요?" y "많이 드세요".

Capítulo 9 집에 지하철로 가요.

- La duración
- Las partículas de acotación espacial
  ···에서 ···까지 "de / desde ··· a / hasta ···"
- Los interrogativos 얼마나 "cuánto (tiempo)" y 어떻게 "cómo"
- La partícula para indicar el modo de transporte (으)로

La duración

Anexo pág. 268

Para expresar la duración, se usa el verbo 걸려요 después de las unidades de tiempo. Las unidades de tiempo como minutos (분), días (일), años (년) se utilizan con los numerales sinocoreanos y horas (시간), mes (달) se utilizan con los numerales autóctonos.

(시간이)	10분 십	걸려요.	Se tarda	10 minutos.
	5시간 다섯			5 horas.
	3일 삼			3 días.

> **! ¡Cuidado!**
>
> Hay que intentar no confundir 시 y 시간.
>
> 지금 1시예요. [hora exacta]
> 1시간 걸려요. [duración]
>
> **<Excepciones>**
>
> 1 día : 1일 (x)   2 días : 2일 (x)
> 하루 (o)   이틀 (o)

Las partículas de acotación espacial

···에서 ···까지 "de/desde ··· a/hasta ···"

Anexo pág. 268

Para expresar las distancias, se utiliza 에서 después del lugar de origen y 까지 después del destino. Según el contexto, es posible omitir uno de estos dos elementos.

(집에서) 회사까지 50분 걸려요.

Tardo 50 minutos (de casa) a la empresa.

> **? Curiosidades**
>
> ···부터 ···까지 [Tiempo]
> ···에서 ···까지 [Espacio]

El interrogativo 얼마나 "cuánto (tiempo)"

Cuando se pregunta por la duración, se usa el pronombre interrogativo 얼마나. Al igual que en español, es posible omitir "tiempo" (시간이).

A 여기에서 학교까지 (시간이) 얼마나 걸려요?
   ¿Cuánto (tiempo) se tarda de aquí a la escuela?

B 1시간 10분 걸려요.   Se tarda una hora y diez minutos.
   한   십

어떻게 제주도에 가요?
¿Cómo vas a la isla de Jeju?

?

비행기로 가요.
Voy en avión.

La partícula para indicar el modo de transporte (으)로

Para expresar el medio de transporte en el que se realiza un desplazamiento, se usa la partícula (으)로. Si el medio de transporte termina en consonante, entre este y la partícula 로 hay que colocar 으 como apoyo vocálico.

버스	로 가요.	Voy en	autobús.
비행기			avión.
지하철			metro.

| 자가용 | 으로 가요. | Voy en | coche. |

※걸어서 가요.   Voy caminando.

> **¡Cuidado!**
>
> Si el medio de transporte termina en '르', el apoyo vocálico 으 no es necesario.
>
> 지하철로 (o)
> 지하철으로 (x)

El interrogativo 어떻게 "cómo"

Para preguntar por la manera en la que se va a un lugar, se utiliza el pronombre interrogativo 어떻게.

1 A 어떻게 중국에 가요?   ¿Cómo vas a China?

   B 비행기로 가요.   Voy en avión.

2 A 부산에서 어떻게 서울에 와요?   ¿Cómo vienes a Seúl de Busan?

   B 기차로 와요.   Vengo en tren.

Conversación_1

Pista 094

Satoru ¿Dónde está tu casa?

Yujin Está en Mokdong.

Satoru ¿Mokdong está lejos de aquí?

Yujin No, está cerca.

Satoru ¿Cuánto se tarda desde aquí hasta Mokdong?

Yujin Se tarda unos treinta minutos.

Satoru ¿Vas caminando?

Yujin No, voy en metro.

사토루 집이 어디예요?

유진 목동이에요.

사토루 목동이 여기에서 멀어요?

유진 아니요, 가까워요.

사토루 여기에서 목동까지 시간이 얼마나 걸려요?

유진 30분쯤 걸려요.

사토루 걸어서 가요?

유진 아니요, 지하철로 가요.

Nuevo vocabulario

목동 Mokdong (barrio de Seúl)

에서 de, desde

까지 a, hasta

여기에서 desde aquí

멀어요 (estar) lejos

가까워요 (estar) cerca

시간 hora(s) (duración)

얼마나 cuánto

걸려요 tardar

걸어서 caminando

지하철 metro

(으)로 la partícula para indicar el modo de transporte

Aclaraciones

★ **Diferencias de uso entre las partículas 에서 y 부터**

Ambas partículas, 에서 y 부터 significan "desde", pero mientras que la primera se usa para indicar el inicio de algo en el tiempo, la segunda se emplea para hacer lo mismo en el espacio.

(Espacio) lugar de salida 에서 lugar de destino 까지: 한국에서 미국까지 De Corea a Estados Unidos

(Tiempo) hora de salida 부터 hora de llegada 까지: 3시부터 5시까지 De 3:00 a 5:00

★ **30분 contra 반**

En coreano, aunque se puede decir "1시간 반 걸려요", no es posible utilizar 반 de manera aislada y decir "반 걸려요".

30분 걸려요. (O)　　　1시간 30분 걸려요. (O)
= 반 (X)　　　　　　= 1시간 반 (O)

Nuevas expresiones

집이 어디예요?
¿Dónde está tu casa?

목동이 여기에서 멀어요?
¿Está Mokdong lejos de aquí?

여기에서 목동까지 시간이 얼마나 걸려요?
¿Cuánto se tarda de aquí a Mokdong?

걸어서 가요? ¿Vas caminando?

지하철로 가요. Voy en metro.

Pista 095

리에 보통 몇 시에 일어나요?

제임스 보통 아침 6시에 일어나요.

리에 왜 일찍 일어나요?

제임스 집에서 학교까지 너무 멀어요.

리에 시간이 얼마나 걸려요?

제임스 1시간 20분쯤 걸려요.

리에 와! 정말 멀어요.
그럼, 어떻게 학교에 와요?

제임스 버스로 와요.

Rie	¿A qué hora sueles levantarte?
James	Suelo levantarme a las seis de la mañana.
Rie	¿Por qué te levantas tan temprano?
James	Porque la escuela está muy lejos de casa.
Rie	¿Cuánto tiempo tardas?
James	Tardo una hora y veinte minutos aproximadamente.
Rie	¡Guau! ¡Qué lejos! ¿Y cómo vienes a la escuela?
James	Vengo en autobús.

Nuevo vocabulario

일어나요 levantarse

왜 por qué

너무 muy, demasiado

시간 hora

정말 realmente

어떻게 cómo

버스 autobús

Nuevas expresiones

보통 몇 시에 일어나요?
¿A qué hora sueles levantarte?

왜 일찍 일어나요?
¿Por qué te levantas tan temprano?

너무 멀어요. Está muy lejos.

Aclaraciones

★ **La contracción verbal 나와요**

En realidad, 나오다 es producto de la contracción de los verbos 나다 (salir) y 오다 (venir).

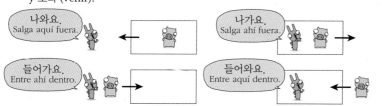

Pista 096

● 지하철로

La consonante '르' se pronuncia de manera diferente dependiendo de su posición. En posición final, se pronuncia como una [l], pero en posición inicial se pronuncia como una [ɾ] simple. Cuando una '르' final es precedida por otra '르', ambas se pronuncian como [l].

(1) 걸려요

(2) 어울려요

(3) 불러요

Vocaburario adicional

Pista 097

①

②

③

④

⑤

⑥

⑦

⑧

⑨

1 자동차(로) (en) coche / auto

2 버스(로) (en) autobús

3 지하철(로) (en) metro

4 택시(로) (en) taxi

5 비행기(로) (en) avión

6 기차(로) (en) tren

7 배(로) (en) barco

8 자전거(로) (en) bicicleta

9 걸어서 caminando, a pie

Expresiones cotidianas

A Espere un momentito, por favor.
B Tómese su tiempo.

A Lo siento.
B No se preocupe.

A ¿Vas bien?
B Sin ningún problema.

A ¿Cuánto se tarda?
B Depende.

Gramática

▶ Mire los dibujos y responda correctamente a las siguientes preguntas. (1~3)

시간이 얼마나 걸려요?

1 [01:00] ···▸ [01:30] _____ 걸려요.

2 [04:00] ···▸ [05:00] _____ 걸려요.

3 [06:00] ···▸ [08:40] _____ 걸려요.

▶ Mire los dibujos y complete los diálogos. (4~6)

4 A 집에서 회사까지 어떻게 가요?
   B (1) _____ 가요.
   A 시간이 얼마나 걸려요?
   B (2) _____ 걸려요.

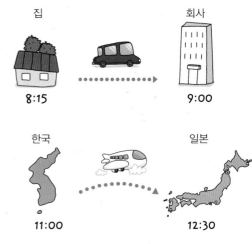

집   회사
8:15   9:00

5 A 한국에서 일본까지 어떻게 가요?
   B (1) _____.
   A 시간이 얼마나 걸려요?
   B (2) _____.

한국   일본
11:00   12:30

6 A 서울에서 부산까지 어떻게 가요?
   B (1) _____.
   A 시간이 얼마나 걸려요?
   B (2) _____.

서울   부산
2:30   5:30

▶ Escuche el audio y elija la opción que corresponda con el dibujo. (7~9)

Pista 099

7　　　ⓐ　　　ⓑ　　　ⓒ　　　ⓓ

8　　　ⓐ　　　ⓑ　　　ⓒ　　　ⓓ

9　　ⓐ　　　ⓑ　　　ⓒ　　　ⓓ
집　　　학교

Comprensión lectora

▶ Lea el texto y elija la respuesta correcta a cada pregunta. (10~11)

> 집에서 회사까지 멀어요. 시간이 많이 걸려요.
> 버스로 한 시간 십 분 걸려요. 지하철로 오십오 분 걸려요.
> 자동차로 사십 분 걸려요. 그런데 저는 자동차가 없어요.
> 그래서 보통 지하철로 회사에 가요.

제임스

10　집에서 회사까지 버스로 시간이 얼마나 걸려요?

　　ⓐ 10일 걸려요.　　　　　　　ⓑ 1월 1일이에요.

　　ⓒ 1시 10분이에요.　　　　　ⓓ 1시간 10분 걸려요.

11　뭐가 맞아요?

　　ⓐ 55분에 집에 가요.　　　　ⓑ 회사가 집에서 멀어요.

　　ⓒ 보통 버스로 회사에 가요.　ⓓ 제임스 씨는 자동차가 있어요.

Respuestas en pág. 278

Apuntes culturales

Q El sistema de transporte púbico de la ciudad de Seúl

La gran mayoría de los extranjeros que viven en Seúl coinciden en que el sistema público de transporte no es nada caro. En el caso de vivir cerca del Aeropuerto de Gimpo, en el oeste de la ciudad, llegar al monte Bukhan, en la zona norte, solo costaría entre mil y dos mil wones (entre uno y dos dólares). Se podría pensar que esto se debe a que el área que ocupa Seúl es muy pequeña, pero nada más lejos de la realidad. Dado que la capital de Corea y sus zonas circundantes acogen como mínimo al 20% de la población de todo el país, unos doce millones de ciudadanos según estadísticas de 2005, era vital que Seúl contara con un sistema de transporte eficiente y asequible para los ciudadanos. Si va a tomar un autobús o el metro en esta ciudad, ¡continúe leyendo!

En el caso de permanecer en Seúl más de una semana, lo primero que debe hacer es adquirir una tarjeta de transporte. Tanto en el metro o como en un autobús, tan solo tiene que acercarla al lector de tarjetas al entrar y al salir. Por supuesto, también es posible pagar en metálico pero, en ese caso, tendría que pagar nuevamente para llegar a su destino si necesitara tomar otro autobús o continuar en metro. Por el contrario, la tarjeta de transporte le permitirá hacerlo de manera gratuita siempre que no hayan transcurrido más de treinta minutos desde que bajó del transporte anterior. Si el trayecto es largo, se le cobrarán cien wones más, unos diez centavos de dólar estadounidense, por cada diez kilómetros recorridos. Otra ventaja que ofrece esta tarjeta es un descuento de cien wones sobre el precio original en cada trayecto.

Además de ser muy asequible, usar el metro o el autobús nos permite llegar antes que en coche. Mientras que a menudo las calles de Seúl están congestionadas con muchos coches, el metro no se ve afectado saliendo y llegando de manera puntual. Incluso los autobuses pueden dejarnos antes en nuestro destino en las horas de mayor tráfico, ya que cuentan con unos carriles de uso exclusivo para ellos.

En el caso de estar interesado en el sistema público de la ciudad de Seúl, le recomendamos que visite la web oficial: http://english.seoul.go.kr/policy-information/traffic

전부 얼마예요?

● Los precios

Para hablar de precios y dinero, se emplean los numerales sinocoreanos. Aunque hoy en día es frecuente poner una coma cada tres dígitos, los números siempre se han de leer tomando como unidad más alta 만 (10,000), el cuarto dígito.

원 moneda coreana

Al igual que sucede en español, en coreano tampoco se dice "uno" al leer los números 100 y 1,000.

> **!** **¡Cuidado!**
> Sin embargo, cuando el '1' no es el primer dígito de un número, es obligatorio pronunciarlo.
> 210,000원 : 이십일만 원 (O)
> 이십만 원 (X)

> **!** **¡Cuidado!**
> | 16 | 십육 [심뉵] |
> | 60,000 | 육만 [융만] |
> | 100,000 | 십만 [심만] |
> | 1,000,000 | 백만 [뱅만] |

● El interrogativo 얼마 "cuánto"

El interrogativo 얼마 se emplea para preguntar por los precios seguido inmediatamente de −예요, colocando 얼마예요 al final de la pregunta.

A 커피가 얼마예요?   ¿Cuánto cuesta un café?

B 3,500원이에요.   Tres mil quinientos wones.

(sustantivo) 주세요 "Deme (sustantivo), por favor"

Usamos esta expresión para pedir algo. Tan solo hay que colocar antes del verbo el sustantivo que designe aquello que queremos. En caso de querer ser más educados, podemos añadir 좀 entre el sustantivo y 주세요, que vendría a significar en este contexto "por favor".

1	A	영수증 주세요.	Deme el recibo, por favor.
	B	여기 있어요.	Aquí tiene.

2	A	물 좀 주세요.	Deme agua, por favor.
	B	네, 알겠어요.	De acuerdo.

Si desea pedir una determinada cantidad de algo, siga el siguiente patrón:

sustantivo	numeral coreano autóctono	sufijo numérico		
커피	한	잔	주세요.	Deme una taza de café, por favor.
빵	두	개	주세요.	Deme dos trozos de pan, por favor.
맥주	세	병	주세요.	Deme tres botellas de cerveza, por favor.
표	네	장	주세요.	Deme cuatro billetes, por favor.

La partícula 하고 "y" (solo se usa para coordinar sustantivos)

Para unir dos sustantivos, se puede usar 하고, que viene a ser como la conjunción "y" en español, con la salvedad de que solo se usa con sustantivos.

밥하고 김치	arroz y kimchi
샌드위치하고 커피	emparedado y café

Pista 100

뭐 주문하시겠어요?

café

Empleada	Bienvenido. ¿Qué va a pedir?
James	Deme un café con leche y uno de estos bollos.
Empleada	De acuerdo.
James	¿Cuánto es en total?
Empleada	Son seis mil quinientos wones.
	(Al ir por su pedido después de pagar.)
James	Aquí tiene. Adiós.

직원   어서 오세요. 뭐 주문하시겠어요?

제임스   카페라테 하나하고 이 빵 하나 주세요.

직원   네, 알겠습니다.

제임스   전부 얼마예요?

직원   6,500원이에요.

(Al ir por su pedido después de pagar.)

직원   여기 있습니다. 안녕히 가세요.

Nuevo vocabulario

주문 pedido

카페라테 café con leche

하나 uno

빵 bollo

주세요 deme

전부 todo, en total

얼마 cuánto

원 won (moneda coreana)

여기 aquí

Nuevas expresiones

어서 오세요. Bienvenido/a(s).

뭐 주문하시겠어요?
¿Qué va a pedir?

네, 알겠습니다. De acuerdo.

전부 얼마예요?
¿Cuánto es en total?

여기 있습니다. Aquí tiene(s).

안녕히 가세요. Adiós.
(Cuando el interlocutor se va del lugar de la conversación.)

Aclaraciones

★ **Omisión del sufijo numérico**
Resulta bastante frecuente que al pedir algo en un restaurante o en una cafetería se omita el sufijo numérico y se use solo el numeral. Por ejemplo, en un restaurante podemos perfectamente decir: "비빔밥 하나 주세요."

★ **Los diversos significados de "네, 알겠습니다."**
Los trabajadores del sector servicios hacen uso del registro formal para mostrar cortesía hacia los clientes. Por ello, resulta muy habitual oír "네, 알겠습니다." en aeropuertos, tiendas, cafeterías y taxis, ya que se considera que esta es la manera más apropiada para hacer saber al cliente que se ha entendido lo que quiere y que se le complacerá. La forma "알겠어요." es algo menos formal y se suele usar con gente conocida.

Pista 101

Jane	¿Hay billetes para el tren que sale para Busan el tres de octubre en la mañana?
Empleado	Sí, los hay para el KTX y para el Mugunghwa.
Jane	¿Cuánto cuestan?
Empleado	De Seúl a Busan en KTX son 45.000 wones. En Mugunghwa son 24.800 wones.
Jane	¿Cuánto tiempo tardan?
Empleado	El KTX tarda dos horas y treinta minutos; y el Mugunghwa tarda cinco horas y cuarenta y cinco minutos.
Jane	Deme dos billetes para el KTX.

제인　10월 3일 오전에 부산행 기차표 있어요?

직원　KTX하고 무궁화호가 있어요.

제인　얼마예요?

직원　서울에서 부산까지 KTX는 45,000원이에요. 무궁화호는 24,800원이에요.

제인　시간이 얼마나 걸려요?

직원　KTX는 2시간 30분, 무궁화호는 5시간 45분 걸려요.

제인　KTX 2장 주세요.

Nuevo vocabulario

오전 mañana [formal]

부산 Busan (gran ciudad del sur de Corea)

···행 con destino a ···

기차 tren

표 billete

KTX Korea Express Train (tren de alta velocidad)

무궁화호 Mugunghwa Exprés (tren de pasajeros con múltiples paradas)

서울 Seúl

장 sufijo numeral para billetes

Nuevas expresiones

부산행 기차표 있어요?
¿Tiene billetes para Busan?

KTX 2장 주세요.
Deme dos billetes de KTX.

Aclaraciones

★ 부산행 기차표 "Billetes de tren para Busan"

El 행 de 부산행 significa "con destino" o "en dirección a", en este caso, Busan. Para indicar la ciudad de origen es habitual usar 발.

뉴욕행 비행기 표	un avión con destino Nueva York
서울발 기차표	un tren con origen en Seúl

Pista 102

전부 [전부] vs. 정부[정부]

La letra '∟' se pronuncia de manera similar a la 'n' española, apoyando la punta de la lengua justo detrás de los dientes superiores. Por su parte, la letra 'ㅇ' se pronuncia de manera semejante a la grafía inglesa [ng], sonido que sale de la garganta. Es importante pronunciar de manera clara estos sonidos, ya que si pronunciamos 'ㅇ' como '∟', o viceversa, estaremos cambiando el significado de las palabras también.

(1) 반 vs. 방

(2) 한 잔 vs. 한 장

(3) 불편해요 vs. 불평해요

Vocaburario adicional

Pista 103

동전 monedas

10원 (십 원)　　50원 (오십 원)　　100원 (백 원)　　500원 (오백 원)

지폐 billetes

1,000원 (천 원)

5,000원 (오천 원)

10,000원 (만 원)

50,000원 (오만 원)

카드 tarjeta

신용 카드

현금 카드

En la cafetería

A ¿Para tomar aquí o para llevar?
B Para llevar.

Al pedir algo para llevar en una cafetería o en un restaurante.

※ En el caso de tomarlo en el establecimiento, se puede decir:
　여기서 마실 거예요. "Me lo beberé aquí."
　여기서 먹을 거예요. "Me lo comeré aquí."

A Caliéntemelo, por favor.
B Sí, por supuesto.

Al pedir que calienten nuestro pedido en un restaurante o en una cafetería.

A Deme un poco de hielo, por favor.
B Claro, aquí tiene.

Gramática

▶ Mire los dibujos y escriba los precios de cada artículo siguiendo el ejemplo. (1~2)

얼마예요?

Ex. → 오만 칠천 원이에요.

1 ₩9,500 → _____

2 ₩103,000 → _____

▶ Complete los diálogos con las palabras adecuadas. (3~4)

3 A 모자가 _____ 예요?

B 8,400원이에요.

4 A 핸드폰이 _____?

B 275,000원이에요.

▶ Mire los dibujos y complete los diálogos con las palabras adecuadas. (5~6)

5 A 커피가 (1) _____?

B 6,700원이에요.

A 커피 (2) _____ 잔 주세요.

B 네, 알겠습니다.

6 A 빵이 (1) _____?

B 3,200원이에요.

A 빵 (2) _____.

B 네, 알겠습니다.

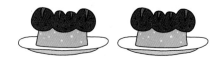

▶ Escuche el audio y elija la respuesta correcta a cada una de las preguntas. (7~8)

Pista 105

7 커피가 얼마예요?

ⓐ 5,600원 ⓑ 5,700원 ⓒ 6,600원 ⓓ 6,700원

8 우산이 얼마예요?

ⓐ 37,500원 ⓑ 38,500원 ⓒ 47,500원 ⓓ 48,500원

▶ Escuche el audio y elija la afirmación que sea correcta.

Pista 106

9 ⓐ 커피가 없어요 ⓑ 녹차가 많이 있어요.

ⓒ 커피가 4,500원이에요. ⓓ 주스가 4,400원이에요.

Comprensión lectora

▶ Lea las siguientes afirmaciones sobre el billete de tren e indique si son verdaderas (O) o falsas (X). (10~13)

10 이 표로 부산에 가요. ( )

11 시간이 2시간 10분 걸려요. ( )

12 팔 월 십 일에 가요. ( )

13 기차표가 오만 사천 원이에요. ( )

Respuestas en pág. 278

Apuntes culturales

감사합니다.

Q ¿Quién decide quién paga en una comida con coreanos?

Si ya ha tenido la oportunidad de salir a comer con coreanos alguna vez, ya se habrá dado cuenta de que los coreanos no acostumbran a dividir la cuenta entre ellos. De hecho, a muchos coreanos esta práctica les parece engorrosa y prefieren que uno de ellos pague la cuenta sabiendo que en la siguiente ocasión será otro quien invite. Esto no significa que haya que planificar la siguiente comida de antemano, sino que cuando surja la ocasión, será otro quien pague.

No obstante, existen casos en los que esta norma no se sigue. Cuando comen juntas dos personas que no tienen la misma edad, por ejemplo, dos estudiantes, dos compañeros de trabajo o, incluso, dos amigos, normalmente la persona de más edad invitará a la más joven. Como en Corea lo habitual es que la gente invite a aquellos que tienen menos edad, nadie esperará que en la siguiente ocasión sea esa persona más joven quien pague. Se supone que la persona de más edad ya recibió un trato parecido en el pasado y que ahora es su turno. Igualmente, la persona a la que invitan, sabe que en el futuro será él o ella quien tendrá que invitar a aquellos colegas o amigos más jóvenes.

En la cultura coreana también es habitual invitar a los demás cuando nos sucede algo bueno. Normalmente a los coreanos les gusta compartir su felicidad y su buena suerte con aquellos que les rodean, por ejemplo, al conseguir un ascenso en el trabajo, al casarse, al tener un hijo o al cumplir años. Sin embargo, estos días las nuevas generaciones puede que prefieran pagar a medias la cuenta de un restaurante, aunque la manera de hacerlo puede variar según la situación, así que lo mejor es observar qué es lo que hacen los demás.

La coreana es una cultura de dar y tomar. ¿Qué le parece experimentar este aspecto de la cultura coreana?

하다 verbo "hacer"

Son numerosos los verbos coreanos que se forman añadiendo a un sustantivo el verbo 하다.

sustantivo			verbo
일	+ 해요	→	일해요
trabajo			trabajar

Ej. 공부(estudio)해요, 운동(ejercicio)해요, 전화(teléfono)해요, 요리(cocina)해요, 운전(conducción)해요, etc.

La partícula de ubicación 에서

La partícula 에서 se emplea para indicar dónde tiene lugar una determinada acción. No se usa con los verbos 가요 ni 와요, así como tampoco con 있어요 ni 없어요, los cuales exigen el uso de la partícula 에. Al preguntar por el lugar en el que algo sucede, deberemos usar 어디에서 en la mayoría de los casos. Sin embargo, deberemos usar 어디에 si el verbo de la frase es 가요/와요 o 있어요/없어요.

1 A 어디에서 공부해요? ¿Dónde estudias?

  B 카페에서 공부해요. Estudio en una cafetería.

2 A 카페가 어디에 있어요? ¿Dónde está la cafetería?

  B 카페가 지하철 역 앞에 있어요. La cafetería está al lado de la estación de metro.

3 A 어디에 가요? ¿Adónde vas?

  B 약국에 가요. Voy a la farmacia.

쇼핑 자주 해요?
¿Vas de compras con
frecuencia?

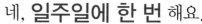
네, **일주일에 한 번** 해요.
Sí, voy de compras una vez
a la semana.

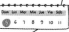

La frecuencia

Para expresar la frecuencia con la que cierta acción se realiza o sucede, en coreano se comienza por la acotación temporal seguida de la partícula 에 y, después, sigue el número de veces. Para indicar el número de veces se hace uso de los numerales autóctonos coreanos.

하루에	2번 두	Dos veces	al día
일주일에	3번 세	Tres veces	a la semana
한 달에	2번 두	Dos veces	al mes
일 년에	1번 한	Una vez	al año

Para preguntar cuántas veces se realiza o tiene lugar una determinada acción, hay que utilizar 몇 번.

A 일 년에 몇 번 여행 가요? ¿Cuántas veces al año viajas?

B 일 년에 2 (두) 번 여행 가요. Viajo dos veces al año.

La partícula 하고 "con"

Para indicar que se realiza una acción en compañía de otra persona, podemos usar 하고 justo detrás de la persona que acompaña al sujeto. Para preguntar "con quién", debemos usar 누구하고.

A 누구하고 식사해요? ¿Con quién comes?

B 친구하고 같이 식사해요. Como con un amigo.

C 저는 혼자 식사해요. Yo como solo.

Jane ¿Qué vas a hacer hoy por la tarde?

Inho Trabajaré.

Jane ¿Y qué harás después?

Inho Cenaré.

Jane ¿Dónde cenarás?

Inho Cenaré en un restaurante en las proximidades de la empresa.

Jane ¿Con quién cenarás?

Inho Cenaré con mis compañeros de trabajo.

제인 오늘 오후에 뭐 해요?

인호 일해요.

제인 그다음에 뭐 해요?

인호 저녁 식사해요.

제인 어디에서 저녁 식사해요?

인호 회사 근처 식당에서 식사해요.

제인 누구하고 식사해요?

인호 회사 동료하고 식사해요.

Nuevo vocabulario

오늘 hoy

하다 hacer

일하다 trabajar

그다음에 después de eso

저녁 식사하다 cenar

에서 partícula que indica la ubicación

어디에서 (en) dónde

식당 restaurante

식사하다 comer (tomar una comida)

누구하고 con quién

동료 compañero de trabajo

Aclaraciones

★ **뭐 해요? "¿Qué haces? / ¿Qué estás haciendo?"**
En coreano, se pueden utilizar los verbos en presente para referirse a un futuro próximo.

★ **De mayor a menor: el espacio y el tiempo**
En coreano, al dar una dirección o explicar la ubicación de algo, se empieza por aquellos elementos de mayor tamaño a menor tamaño (por ejemplo: país, ciudad, calle).

회사 근처 식당에서 식사해요.
Como en un restaurante que hay en las cercanías de mi empresa.

Las unidades de tiempo también se colocan de mayor a menor.

오늘 저녁 7시에 뭐 해요? ¿Qué vas a hacer esta tarde a las siete?

Nuevas expresiones

오늘 오후에 뭐 해요?
¿Qué vas a hacer esta tarde?

그다음에 뭐 해요?
¿Qué vas a hacer después de eso?

어디에서 저녁 식사해요?
¿Dónde vas a cenar?

누구하고 식사해요?
¿Con quién vas a cenar?

운동 자주 해요?

3번

Jina	Paul, ¿haces ejercicio con frecuencia?
Paul	Sí, lo hago tres veces a la semana.
Jina	¿Dónde lo haces?
Paul	Lo hago en el parque que está enfrente de mi casa. ¿Tú también haces ejercicio con frecuencia?
Jina	No. Solo voy a la montaña dos o tres veces al año.
Paul	¿En serio?

지나　폴 씨, 운동 자주 해요?

폴　네, 일주일에 3번 해요.

지나　어디에서 해요?

폴　집 앞 공원에서 해요.
　　지나 씨도 운동 자주 해요?

지나　아니요. 저는 1년에 2–3번 등산만 해요.

폴　그래요?

Nuevo vocabulario

운동하다 hacer ejercicio

자주 con frecuencia

일주일 una semana

에 al / a la

번 vez

앞 enfrente de

공원 parque

1년 un año

두세 번 dos o tres veces

등산하다 ir a la montaña

만 solo (se coloca justo después del sustantivo al que se refiere)

Aclaraciones

★ **La ubicación de los adverbios**
Los adverbios se suelen colocar antes de aquella palabra que modifican, por lo que se suelen usar justo antes de los verbos. En el caso de los verbos formados por un sustantivo y el verbo 하다, el adverbio pude colocarse justo antes del nombre o entre este y el verbo sin que varíe el significado.

★ **Diferencia entre 세 번 e 삼 번**
El número de 3번 se pronuncia 세 번, es decir, con el numeral autóctono coreano, cuando contamos el número de veces que se hace o sucede algo. Por el contrario, 3번 se pronuncia 삼 번, es decir, con el numeral sinocoreano, en la enumeración de un listado.

Ej.　3번: 1년에 세 번 여행해요.　　Viajo tres veces al año.
　　　삼 번 문제가 어려워요.　　　El ejercicio número 3 es difícil.

Nuevas expresiones

운동 자주 해요?
¿Haces ejercicio con frecuencia?

일주일에 3 (세) 번 해요.
Lo hago tres veces a la semana.

1년에 2–3 (두세) 번 등산만 해요.
Solo voy a la montaña dos o tres veces al año.

● 동료 [동뇨]

Cuando una sílaba termina en '¬' o '○' y la siguiente comienza por 'ㄹ', la 'ㄹ' se pronuncia como [ㄴ].

(1) ㄹ → [ㄴ]   정리 [정니]

(2) ㄹ → [ㄴ]   음력 [음녁]

(3) ㄹ → [ㄴ]   음료수 [음뇨수]

Vocaburario adicional

Pista **110**

1	일하다	trabajar
2	공부하다	estudiar
3	식사하다	comer
4	전화하다	llamar por teléfono
5	운동하다	hacer ejercicio
6	얘기하다	charlar, platicar
7	운전하다	conducir, manejar
8	쇼핑하다	ir de compras
9	요리하다	cocinar
	여행하다	viajar
	노래하다	cantar
	출발하다	partir, salir
	도착하다	llegar
	준비하다	preparar
	시작하다	empezar
	연습하다	practicar, ensayar
	회의하다	tener una reunión de trabajo
	데이트하다	tener una cita (romántica)
	이사하다	mudarse

En coreano, al saludar, podemos decir "안녕하세요?" sin que importe el momento del día. Sin embargo, a la hora de despedirse, hay que tener en cuenta toda una serie de factores.

Diciendo adiós

A Hasta mañana.
B Hasta mañana.

Al despedirse en el lugar trabajo o en la escuela.

A Que pases un buen fin de semana.
B Que pases un buen fin de semana tú también, Paul.

Al despedirse un viernes por la tarde.

A Buen viaje.

Cuando alguien se va de viaje.

※ Para despedirse de alguien que se va de viaje de negocios, se suele decir:
   출장 잘 다녀오세요.
   "Que tengas un buen viaje de negocios."

Autoevaluación

Gramática

▶ Mire los dibujos y elija la opción correcta a la pregunta. (1~2)

뭐 해요?

1

    ⓐ 식사해요.

    ⓑ 공부해요.

2

    ⓐ 운동해요.

    ⓑ 운전해요.

▶ Lea las frases y elija la opción correcta. (3~5)

3 회사(에 / 에서) 가요. 회사(에 / 에서) 일해요.
       (1)   (2)

4 식당(에 / 에서) 가요. 식당(에 / 에서) 식사해요.
       (1)   (2)

5 집(에 / 에서) 와요. 집(에 / 에서) 자요.
   (1)   (2)

▶ Mire los dibujos y complete los huecos de los diálogos. (6~7)

6 A 누구하고 식사해요?

   B ＿＿＿＿＿＿＿ 식사해요.

친구

7 A 누구하고 쇼핑해요?

   B ＿＿＿＿＿＿＿ 쇼핑해요.

▶ Escuche el audio y elija la opción que corresponda con el dibujo. (8~9)

Pista 112

8 　ⓐ　　ⓑ　　　9 　ⓐ　　ⓑ

　　　　　　　ⓒ　　ⓓ　　　　　　　　　ⓒ　　ⓓ

▶ Escuche el audio y elija la respuesta correcta a la pregunta.

Pista 113

10　ⓐ 1시에 식사해요.　　　　　　ⓑ 토요일에 식사해요.

　　ⓒ 친구하고 식사해요.　　　　　ⓓ 일주일에 3번 식사해요.

▶ Lea el texto e indique si las afirmaciones sobre él son verdaderas (O) o falsas (X).
(11~15)

> 아침 6시에 일어나요.
> 7시까지 집 옆 공원에서 운동해요.
> 그다음에 집에 가요. 샤워해요.
> 그리고 8시 10분에 집 앞 식당에서 아침 식사해요.
> 9시에 회사에 가요. 10시 30분부터 12시까지 회의해요.
> 그다음에 회사 옆 식당에서 동료하고 점심 식사해요.

11　집 앞 공원에서 운동해요.　　　　　(　　　)

12　아침 식사해요. 그 다음에 운동해요.　(　　　)

13　8시 10분에 식당에 있어요.　　　　(　　　)

14　회의 시간이 1시간 30분이에요.　　(　　　)

15　혼자 점심 식사해요.　　　　　　　(　　　)

Respuestas en pág. 279

Apuntes culturales

Q   ¿Sabe usted cómo mostrar respeto con las manos?

Es un hecho de sobra conocido que le lenguaje corporal difiere notablemente de una cultura a otra. En Corea, es habitual hacer una leve reverencia al saludar a alguien diciendo "안녕하세요?" inclinando ligeramente la cabeza hacia delante en señal de respeto. Las manos, por su parte, también juegan un importante papel a la hora de mostrarle respeto al interlocutor.

Cuando le damos algo o recibimos algo de un desconocido, de alguien de más edad o mayor estatus o, simplemente, de alguien con quien mantenemos un trato formal como, por ejemplo, un compañero del trabajo, lo haremos utilizando, no una mano, sino ambas manos. En el caso de que sea difícil dar o recibir el objeto con las dos manos, mientras sostenemos el objeto con la mano derecha, con la izquierda debemos sostener nuestro antebrazo. Los coreanos también suelen darse la mano sujetándose el antebrazo con la mano izquierda. Fíjese con atención la próxima vez que vea a dos coreanos saludarse cómo agachan ligeramente la cabeza y se dan la mano de la manera anteriormente descrita.

Beber es otra esfera cultural en la que la gente, especialmente los hombres, hacen uso de un rico repertorio de gestos y movimientos. Al servirle a alguien alcohol o cuando nos lo sirvan a nosotros, deberemos extender los brazos hacia delante y sujetar con ambas manos el vaso o la botella. La razón de esta particular costumbre es que antiguamente los coreanos solían vestir prendas con mangas muy largas que requerían que se extendieran los brazos hacia delante para que les llenaran el vaso. Otra señal de cortesía hacia aquellas personas de más edad o mayor rango consiste en girar la cabeza hacia un lado de manera que, al beber, no le estemos mirando de frente.

Los coreanos han desarrollado toda una serie de gestos y movimientos para mostrar respeto a sus interlocutores, los cuales les invitamos a seguir cuando se encuentren con algún coreano.

Capítulo 12 매주 일요일에 영화를 봐요.

- Verbos que se conjugan en presente con -아/어요
- La partícula de complemento directo 을/를
- Hacer sugerencias
- (sustantivo)은/는 어때요? "¿Qué tal (sustantivo)?"

한국 음식을 좋아해요?
¿Te gusta la comida coreana?

네, 정말 **좋아해요**.
Sí, me encanta.

● Verbos que se conjugan en presente con -아/어요

Anexo pág. 265

Añadiendo la terminación -아요 o la terminación -어요 a la raíz verbal, podemos conjugar los verbos en un registro ligeramente informal, pero educado. Con "informal", nos referimos a situaciones que no exijan guardar mucha formalidad, como al ir de compras, al adquirir billetes o al preguntar direcciones, por poner unos pocos ejemplos. La forma respetuosa -(스)ㅂ니다, la cual estudiaremos más tarde, se emplea en reuniones de negocios, en discursos y en cualquier tipo de situación en la que se requiera una cierta formalidad. (Para más información, véase a la pág. 245.)

En la siguiente tabla se puede ver cómo se conjugan los verbos en el tiempo presente. La terminación que se deberá utilizar viene determinada por la raíz del verbo.

1. La forma conjugada del verbo 하다 es 해요.

> **?** **Curiosidades**
>
> infinitivo
>
> 보다
> 먹다
>
> raíz verbal

공부하다   →   공부해요
(estudiar)   (estudio/estudias/estudia/estudiamos/estudiáis/estudian)

2. Los verbos cuya raíz tenga 'ㅏ' u 'ㅗ' como última vocal, se conjugan por medio de la terminación −아요.

살다	→	살 + -아요	→	살아요
자다	→	자 + -아요	→	자요
보다	→	보 + -아요	→	봐요

3. En el caso de que la raíz verbal tenga una vocal final distinta de 'ㅏ' u 'ㅗ', la terminación verbal que se debe emplear es -어요.

먹다	→	먹 + -어요	→	먹어요
주다	→	주 + -어요	→	줘요
마시다	→	마시 + -어요	→	마셔요

* Dirigirse a la pág. 265 para consultar las normas de conjugación de ciertos verbos.

같이 커피를 마셔요.
Tomemos un café.

좋아요.
De acuerdo.

La partícula de complemento directo 을/를

En coreano, el complemento directo se indica por medio de la partícula 을/를. El complemento directo suele utilizarse justo antes del verbo. No obstante, en las conversaciones cotidianas, es habitual usar el complemento directo omitiendo la partícula 을/를.

Complemento directo terminado en vocal	Complemento directo terminado en consonante
폴 씨가 친구를 만나요. Paul queda con un amigo.	지나 씨가 음식을 먹어요. Jina come la comida.

Hacer sugerencias

Para hacer una sugerencia, en coreano basta con usar el verbo en forma de presente, a lo que se puede añadir la palabra 같이 al principio de la frase.

    A 같이 영화 봐요.   Veamos una película.

    B 좋아요.   De acuerdo.

(sustantivo)은/는 어때요? "¿Qué tal (sustantivo)?"

Para hacer una propuesta basta con seguir el siguiente patrón: un sustantivo seguido de la partícula de tema y, después, 어때요?.

    A 금요일에 시간 있어요?   ¿Tienes tiempo el viernes?

    B 아니요, 없어요.   No, no tengo.

    A 그럼, 토요일은 어때요?   Entonces, ¿qué tal el sábado?

    B 좋아요.   Sí.

Jina	¿Te gustan las películas coreanas?
Paul	Sí, me encantan. ¿Y a ti?
Jina	A mí también me gustan. ¿Cuándo sueles ir al cine?
Paul	Voy al cine todos los domingos.
Jina	¿De verdad? Yo también voy al cine cada domingo.
Paul	Entonces, veamos una película un día de estos.
Jina	Claro.

지나   한국 영화 좋아해요?

폴   네, 정말 좋아해요. 지나 씨는 어때요?

지나   저도 한국 영화를 좋아해요.
보통 언제 영화를 봐요?

폴   매주 일요일에 영화를 봐요.

지나   그래요? 저도 일요일마다 영화를 봐요.

폴   그럼, 나중에 같이 영화 봐요.

지나   그래요.

Nuevo vocabulario

영화 película

좋아하다 encantar, gustar

(은/는) 어때요? ¿Qué tal …?

저도 yo también

을/를 partícula que indica el complemento directo

보다 ver

매주 todas las semanas

일요일 domingo

마다 cada

나중에 más tarde, luego

Nuevas expresiones

지나 씨는 어때요? ¿Y tú, Jina?

저도 …을/를 좋아해요. A mí también me gusta(n)…

언제 영화를 봐요? ¿Cuándo ves películas?

매주 일요일에 (= 일요일마다) todos los domingos (= cada domingo)

나중에 같이 영화를 봐요. Veamos una película un día de estos.

그래요. Claro.

Aclaraciones

★ **Diferencia entre 저는 y 저도**

Se utiliza la partícula 은/는 para enfatiza la primera persona 저 o llamar la atención sobre el contraste entre uno mismo y otra persona. Por el contrario, al usarse 저도 el énfasis recae en la similitud entre uno mismo y otra persona.

A   저는 운동을 좋아해요. 폴 씨는 어때요?
Me gusta hacer ejercicio. ¿Y a ti, Paul?

B   저도 운동을 좋아해요.   A mí también me gusta hacer ejercicio.

C   저는 운동을 안 좋아해요.   A mí no me gusta hacer ejercicio.

El uso de 저는 es semejante al que hacemos en español cuando no omitimos el pronombre "yo", es decir, para llamar la atención sobre nuestras particularidades.

재미있어요?

네, 같이 만들어요.

Jane	¿Te gusta la comida coreana?
Satoru	Sí, me gusta. ¿Y a ti, Jane?
Jane	A mí también me gusta la comida coreana. Por eso estos días estoy aprendiendo la cocina coreana.
Satoru	¿De verdad? ¿Con quién aprendes?
Jane	Aprendo con un amigo.
Satoru	¿Es divertido?
Jane	Sí, ya haremos algo un día de estos.
Satoru	Muy bien.

제인 한국 음식 좋아해요?

사토루 네, 좋아해요. 제인 씨는 어때요?

제인 저도 한국 음식을 좋아해요.
그래서 요즘 한국 요리를 배워요.

사토루 그래요? 누구한테서 배워요?

제인 친구한테서 배워요.

사토루 재미있어요?

제인 네, 나중에 한번 같이 만들어요.

사토루 좋아요.

Nuevo vocabulario

음식 comida

그래서 por eso

요즘 estos días, últimamente

요리 cocina

배우다 aprender

한테서 partícula que indica el complemento indirecto en contextos coloquiales

누구한테서 con quién

친구 amigo/a

재미있다 divertido/a, interesante

한번 un día de estos

만들다 hacer, fabricar

Nuevas expresiones

누구한테서 배워요?
¿Con quién aprendes?

재미있어요?
¿Es divertido / interesante?

나중에 한번 같이 만들어요.
Ya haremos algo algún día de estos.

좋아요.
La forma conjugada del adjetivo que equivaldría en español a "Está muy bien" o a "Es muy bueno".

Aclaraciones

★ **Diferencia entre 좋아해요 y 좋아요**

Mientras que 좋아하다 es el verbo "gustar", 좋아요 es el adjetivo "(ser) bueno". Como tal, el verbo 좋아해요 lleva complemento directo con la partícula 을/를. Por su parte, el adjetivo 좋아요 lleva un sujeto con la partícula 이/가. Aunque estas palabras se parecen, significan cosas diferentes.

마크 씨가 한국 음식을 좋아해요.	A Mark le gusta la comida coreana.
날씨가 좋아요.	El clima es bueno.

Pista 116

● 읽어요 [일거요]

Cuando una sílaba termina en dos consonantes y la siguiente comienza por vocal,
como en 읽어요, la consonante final se pronuncia apoyándola en la vocal de la siguiente sílaba.

(1) 밝아요 [발가요]

(2) 넓어요 [널버요]

(3) 앉아요 [안자요]

Vocaburario adicional

Pista 117

① ② ③

④ ⑤ ⑥

⑦ ⑧ ⑨

1	일어나다	levantarse
2	커피를 마시다	beber café
3	책을 읽다	leer el libro
4	음식을 먹다	comer comida
5	친구를 만나다	ver a un amigo
6	책을 사다	comprar libros
7	영화를 보다	ver una película
8	음악을 듣다	escuchar música
9	자다	dormir

말하다	hablar
놀다	divertirse
쉬다	descansar
만들다	hacer, fabricar
도와주다	ayudar
빌리다	tomar prestado
살다	vivir
끝나다	terminar
쓰다	escribir

Pista 118

De compras

A Bienvenido. ¿Qué busca?
B Enséñeme una camiseta, por favor.

A ¿Qué tal este/a?
B ¿No tiene otro/a?

※ Para pedir otra talla:
큰 건 없어요?
"¿No tiene otro/a más grande?"
작은 건 없어요?
"¿No tiene otro/a más pequeño/a?"
(Para suavizar la pregunta, se suele utilizar 없어요? en lugar de 있어요?)

A ¿Me la puedo probar?
B Por supuesto. Vaya allí, por favor.

A Deme este/a, por favor.

※ Al regatear el precio: 좀 깎아 주세요. "¿No me podría hacer un pequeño descuento?"
※ Al salir de la tienda sin hacer ninguna compra:
좀 더 보고 올게요. "Voy a mirar un poco más y ya volveré luego."

Gramática

▸ Mire los dibujos y elija la opción correcta. (1~4)

1
ⓐ 자요

ⓑ 일어나요

2
ⓐ 마셔요

ⓑ 먹어요

3
ⓐ 읽어요

ⓑ 들어요

4
ⓐ 써요

ⓑ 만나요

▸ Complete los párrafos usando -아/어요 en presente. (5~6)

5 마크 씨가 한국 회사에서 __일해요__ . (일하다) 보통 저녁 6시에 일이 (1)_____ . (끝나다) 그리고 집에서 밥을 (2)_____ . (먹다) 영화를 (3)_____ . (보다) 보통 밤 11 시에 (4)_____ . (자다)

6 제인 씨가 영어 선생님이에요. 학원에서 영어를 (1)_____ .(가르치다) 영어 학원이 강남에 (2)_____ . (있다) 보통 수업 후에 친구를 (3)_____ . (만나다) 친구하 고 커피를 (4)_____ . (마시다)

▸ Lea los siguientes diálogos y elija la opción. (7~10)

7 A 폴 씨가 뭐 먹어요?

　B 점심(을 / 를) 먹어요.

8 A 마크 씨가 뭐 마셔요?

　B 커피(을 / 를) 마셔요.

9 A 제인 씨가 뭐 들어요?

　B 음악(을 / 를) 들어요.

10 A 리에 씨가 뭐 배워요?

　B 한국어(을 / 를) 배워요.

▶ Escuche el audio y ponga en orden las actividades que realiza Paul escribiendo un número del 1 al 4 debajo de cada dibujo.

Pista 119

11

(　　　) 　　(　1　) 　　(　　　) 　　(　　　)

Comprensión lectora

▶ Después de mirar la agenda, señale los tres errores que hay en el texto (ⓑ~ⓘ) y corríjalos.

12

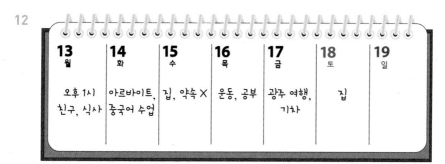

13 월	14 화	15 수	16 목	17 금	18 토	19 일
오후 1시 친구, 식사	아르바이트, 중국어 수업	집, 약속 X	운동, 공부	광주 여행, 기차	집	

월요일 <u>2시에</u> 친구하고 <u>영화를 봐요.</u>
　　ⓐ → 1시에 　　　　　ⓑ

화요일에 <u>아르바이트</u>가 있어요. <u>영어를 가르쳐요.</u>
　　　　　　ⓒ 　　　　　　　ⓓ

수요일에 집에 있어요. 목요일에 <u>운동해요.</u> 그리고 <u>공부해요.</u>
　　ⓔ 　　　　　　　　　　　ⓕ

금요일에 <u>경주에 여행 가요.</u> <u>기차</u>로 가요. <u>토요일에 집에 와요.</u>
　　　　ⓖ 　　　　　　ⓗ 　　　　ⓘ

Respuestas en pág. 278 y 279

Apuntes culturales

Q La ola coreana

El éxito internacional de los productos culturales coreanos, que ya había empezado a gestarse en la segunda mitad de la década de los noventa, empezó a ser un fenómeno internacional de gran envergadura en Japón, China y varios países del Sudeste Asiático bajo el nombre de "Hallyu" (ola coreana), en torno a la celebración de la Copa Mundial de Fútbol de 2002. Sin embargo, en la segunda década del siglo XXI, este fenómeno se extendió desde Asia por Europa y América. En la actualidad, la ola cultural coreana no se circunscribe únicamente a los productos de entretenimiento como el cine, las teleseries o la música, sino que también abarca áreas como la gastronomía, entre los que destacan ciertos productos agrícolas muy valorados por su calidad, la tecnología (desde aparatos como televisores y teléfonos móviles a productos de gran tamaño como automóviles), o la moda y los cosméticos coreanos que tan buena acogida tienen en el mercado asiáticos.

No obstante, productos culturales de entretenimiento audiovisual tales como películas, las teleseries y la música pop siguen los principales referentes de la Ola coreana. Son muchos los productos de entretenimiento y los artistas que han cosechado un gran éxito entre un público muy diverso gracias a su singularidad. A partir de 2020, varios grupos musicales surcoreanos, entre los que se incluye BTS, han sido recibidos con gran entusiasmo en todo el mundo, por donde se han creado numerosos clubes de fans, mientras que el cine coreano constituye el 50% de las películas consumidas a nivel nacional a la vez que es celebrado y galardonado en festivales de cine internacional. Por su parte, las teleseries cuentan con una gran popularidad y han llegado a encontrarse entre lo más visto en la plataforma Netflix.

Sin duda alguna, escuchar música y ver películas o teleseries coreanas es muy recomendable para todos aquellos que estén aprendiendo coreano, ya que no solo les ayudará a mejorar su nivel de coreano sino que también les permitirá entender mejor la cultura coreana y, consecuentemente, la manera de pensar y vivir de los coreanos.

Capítulo 13 머리가 아파요.

- Uso de los adjetivos como núcleo oracional: tiempo presente
- La negación 안
- La partícula 도 "también"

추워요?
¿Tienes frío?

아니요, **안** 추워요.
No, no tengo frío.

● **Uso de los adjetivos como núcleo oracional: tiempo presente** *Anexo pág. 269*

Al igual que en español, en coreano los adjetivos se pueden añadir a los sustantivos para modificarlos o especificar a qué o quién nos referimos. Sin embargo, a diferencia del español, los adjetivos pueden usarse como núcleo de la oración sin necesidad de hacer uso de 'ser' o de ningún otro verbo. Este uso predicativo de los adjetivos con el que se trata de describir al sujeto sería equivalente en español al uso de los adjetivos con los verbos 'ser' o 'estar' (ser feliz, estar triste, ser caro, etc.). Es decir, los adjetivos coreanos no necesitan ningún verbo para ser el núcleo de la oración, sino que se conjugan como si fuesen verbos. Es importante no olvidar que cuando se describe al sujeto y, por lo tanto, el núcleo de la oración es un adjetivo, el sujeto se indica por medio de la partícula 이/가.

> **! ¡Cuidado!**
> El verbo 필요하다, que significa "necesitar", podría parecer un verbo transitivo, pero en coreano es un adjetivo predicativo, por lo que sería equivalente en español a "ser necesario".
>
> 저는 연습이 필요해요. Necesito practicar.

좋다 (ser bueno)   날씨가 좋아요.   El clima es bueno.

비싸다 (ser caro)   옷이 비싸요.   La ropa es cara.

● **La negación 안**

Para negar, en coreano tan solo es necesario colocar 안 antes de un verbo o un adjetivo. En el caso de los verbos compuestos por un sustantivo y 하다, se coloca entre ambos.

Verbos (sin 하다) y adjetivos.

안 자요.   No duermo.

안 비싸요.   No es caro.

안 중요해요.   No es importante.

Recuerde que en el caso de los verbos compuestos con 하다, la negación se coloca justo antes de 하다.

일 안 해요.   No trabajo.

> **! ¡Cuidado!**
> Forma negativa de los verbos:
> 운동하다 "hacer ejercicio"
> → 운동 안 해요. <u>No</u> hago ejercicio.
> Forma negativa de los adjetivos predicativos:
> 피곤하다 "estar cansado"
> → 안 피곤해요. <u>No</u> estoy cansado.
>
> **¡Excepción!**
> 좋아하다 "gustar"
> → 생선 안 좋아해요. <u>No</u> me gusta el pescado.

La partícula 도 "también"

Si usamos el conector 그리고 entre dos frases con una estructura semejante, podemos hacer uso de la partícula 도 (también) en la segunda frase para hacer énfasis en la nueva información que se añade.

1. La partícula 도 no se puede usar con la partícula de sujeto 이/가 ni con la de complemento directo 을/를, por lo que estas se suprimen.

   비가 와요. 그리고 바람도 불어요.

   Está lloviendo. Además, también hace viento.

   아침을 먹어요. 그리고 커피도 마셔요.

   Tomo el desayuno. Además, también tomo un café.

2. En el caso de otras partículas, como 에 y 에서, es posible usarlas de manera conjunta.

   식당에 가요. 그리고 카페에도 가요.

   Voy al restaurante. Además, también voy a la cafetería.

   학교에서 공부해요. 그리고 집에서도 공부해요.

   Estudio en la escuela. Además, también estudio en casa.

 ¡Cuidado!

Mientras que 하고 se emplea para unir dos sustantivos 그리고 sirve para unir dos frases.

마크하고 폴 Mark y Paul
음식이 싸요. 그리고 사람도 친절해요.
La comida es barata. Además, la gente es amable.

Pista **120**

Yujin	Paul, ¿dónde te duele?
Paul	No, no me duele nada. Es solo que estoy un poco cansado.
Yujin	¿Por qué?
Paul	Últimamente tengo muchísimo trabajo. Por eso estoy cansado.
Yujin	Cuida tu salud.
Paul	Sí, gracias.

유진   폴 씨, 어디 아파요?

폴   아니요, 안 아파요. 그냥 좀 피곤해요.

유진   왜요?

폴   요즘 일이 너무 많아요.
      그래서 좀 피곤해요.

유진   건강 조심하세요.

폴   네, 고마워요.

Nuevo vocabulario

아프다 doler

안 no (negación verbal)

그냥 es solo que, no más

좀 un poco

피곤하다 (estar) cansado/a

왜 por qué

많다 mucho/a(s)

건강 salud

조심하다 cuidar(se)

Nuevas expresiones

어디 아파요? ¿Dónde te duele?

그냥 좀 피곤해요.
No más, estoy cansado.

왜요? ¿Por qué?

일이 너무 많아요.
Tengo muchísimo trabajo.

건강 조심하세요.
Cuídate. / Cuida de tu salud.

Aclaraciones

★ **어디 아파요? "¿Estás enfermo?"**
Aunque "어디 아파요?" significa literalmente "¿Dónde te duele?", puede utilizarse igualmente con el valor de "¿Estás enfermo?" Según el contexto en el que se haga la pregunta, sabremos si se utiliza con uno u otro significado.

★ **좀 피곤해요. "Estoy un poco cansado."**
La palabra 좀 es en realidad una contracción de 조금. Esta contracción, en ocasiones se asemeja al uso de "por favor" en español, aunque el significado no es el mismo.

Conversación_2

Pista 121

많이 아파요?

네, 머리가 좀 아파요.

그리고 기침도 나요.

Rie	James, ¿estás resfriado?
James	Sí.
Rie	¿Es cosa seria?
James	Sí, me duele un poco la cabeza. Además, también tengo tos.
Rie	¿Ah, sí? Últimamente hace frío, así que cuídate.
James	Sí, lo haré.

리에 제임스 씨, 감기에 걸렸어요?

제임스 네.

리에 많이 아파요?

제임스 네, 머리가 좀 아파요.
그리고 기침도 나요.

리에 그래요? 요즘 날씨가 추워요.
그러니까 조심하세요.

제임스 네, 그럴게요.

Nuevo vocabulario

감기 resfriado, resfrío

감기에 걸리다 resfriarse, constiparse

많이 mucho

머리 cabeza

그리고 además (se usa para relacionar dos frases)

기침 tos

기침이 나다 toser, tener tos

날씨 clima

춥다 hacer frío

그러니까 por eso, así que

Nuevas expresiones

감기에 걸렸어요?
¿Estás resfriado?

많이 아파요? ¿Te duele mucho?

머리가 좀 아파요.
Me duele un poco la cabeza.

기침도 나요. También tengo tos.

요즘 날씨가 추워요.
Últimamente hace frío.

조심하세요. Cuídate.

그럴게요. Así lo haré.

Aclaraciones

★ 그래서 contra 그러니까

Tanto 그래서 como 그러니까 equivaldrían en español a "por eso" cuando se colocan entre dos frases, secuencia en la que la primera frase es la causa de la segunda y, en consecuencia, la segunda es el resultado de la primera. Por ello, 그래서 y 그러니까 pueden emplearse indistintamente en la mayoría de los casos.

한국에서 일해요. 그래서 한국어를 배워요. Trabajo en Corea. Por eso, aprendo coreano.
= 그러니까 (O)

No obstante, no es imposible utilizar 그래서 seguido de una orden o una sugerencia. En esos caso, 그러니까 es la única opción posible.

날씨가 추워요. 그러니까 조심하세요. Hace frío, así que cuídate.
= 그래서 (X)

Pronunciación

Pista **122**

● 많아요 [마나요] vs. 만나요 [만나요]

Las siguientes palabras tienen una pronunciación parecida, pero significados muy diferentes.

(1) 좋아요 (Es bueno) vs. 추워요 (Hace frío)

(2) 쉬워요 (Es fácil) vs. 쉬어요 (Descansa)

(3) 조용해요 (Es tranquilo) vs. 중요해요 (Es importante)

Vocaburario adicional

Pista **123**

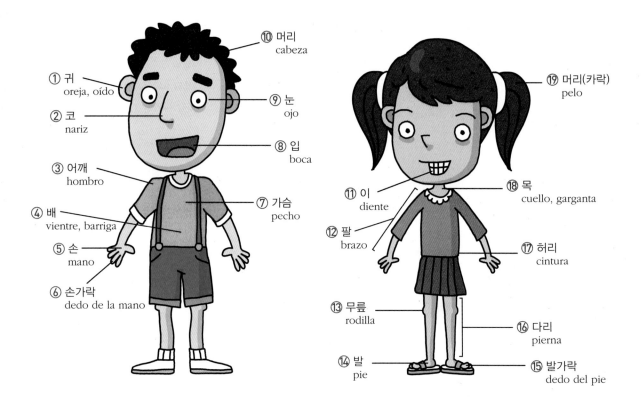

① 귀 oreja, oído
② 코 nariz
③ 어깨 hombro
④ 배 vientre, barriga
⑤ 손 mano
⑥ 손가락 dedo de la mano
⑦ 가슴 pecho
⑧ 입 boca
⑨ 눈 ojo
⑩ 머리 cabeza
⑪ 이 diente
⑫ 팔 brazo
⑬ 무릎 rodilla
⑭ 발 pie
⑮ 발가락 dedo del pie
⑯ 다리 pierna
⑰ 허리 cintura
⑱ 목 cuello, garganta
⑲ 머리(카락) pelo

Pista 124

Preocupándose por los demás

A ¿Cómo te encuentras hoy?
B Bien.
Al preguntar a alguien por su estado de ánimo o salud.

※ Cuando uno no se siente muy bien:
별로예요. "No estoy muy bien."

A ¿Dónde te duele? / ¿Estás enfermo/a?
B Me duele un poco la cabeza.
Al ver que alguien no se encuentra bien.

※ En el caso de que la otra persona no parezca estar enferma pero tenga una expresión extraña o muestre desasosiego:
무슨 일 있어요? "¿Qué (te) pasa?"

A ¡Cuánto tiempo!
B ¡Cuánto tiempo!
Al encontrarnos con alguien a quien no hemos visto en mucho tiempo.

A ¿Qué tal te va últimamente?
B Me va bien.
Al preguntarle a alguien cómo le ha ido.

Otras expresiones
A 그동안 어떻게 지냈어요? "¿Cómo te ha ido?"
B 잘 지냈어요. "Me ha ido bien."

Gramática

▶ Mire los dibujos y elija la opción correcta. (1~4)

1 기분이 ⓐ 좋아요.

ⓑ 나빠요.

2 책이 ⓐ 싸요.

ⓑ 비싸요.

3 영화가 ⓐ 재미있어요.

ⓑ 재미없어요.

4 날씨가 ⓐ 추워요.

ⓑ 더워요.

▶ Complete los diálogos como en el ejemplo. (5~7)

Ej.
A 추워요?

B 아니요, <u>안 추워요</u>.

5 A 바빠요?

B 아니요, _____.

6 A 피곤해요?

B 아니요, _____.

7 A 운동해요?

B 아니요, _____.

▶ Rellene las frases con los conectores correspondientes. (8~10)

그리고	그런데	그래서

8 머리가 아파요. _____ 약을 먹어요.

9 한국어 공부가 재미있어요. _____ 어려워요.

10 영어 말하기가 쉬워요. _____ 듣기도 쉬워요.

Comprensión auditiva

▶ Escuche el audio e indique cuál de las siguientes acciones realizó Jane.

Pista **125**

11

(일해요)	운동해요	핸드폰을 봐요	친구를 만나요
전화해요	공부해요	책을 읽어요	음악을 들어요

▶ Escuche el audio y elija la opción correcta para completar la frase.

Pista **126**

12 민수 씨가 일이 많아요. 그래서 _____.

ⓐ ⓑ ⓒ ⓓ

Comprensión lectora

▶ Relacione cada uno de los siguientes textos con uno de los personajes según su estado físico o anímico. (13~15)

13
열이 나요. 기침도 나요.
그리고 추워요.
그래서 오늘은 일 안 해요.

•

• ⓐ 아파요.

14
요즘 너무 바빠요.
회의가 많이 있어요.
오늘도 집에 10시에 가요.

•

• ⓑ 기분이 좋아요.

15
저는 여행을 좋아해요.
오늘 제주도에 여행 가요.
지금 비행기로 가요.

•

• ⓒ 피곤해요.

Respuestas en pág. 279

Q ¿Por qué dicen los coreanos "괜찮아요" con tanta frecuencia?

Son innumerables las veces que se puede escuchar "괜찮아요" a lo largo del día. Tanto si se pregunta qué tiempo hace o cómo se encuentra alguien, "괜찮아요" es una respuesta muy habitual. En la cultura coreana, se suele considerar grosero mencionar aspectos negativos, por lo que en lugar de expresarse libremente sobre lo que uno piensa o siente, la buena educación obliga a menudo a contestar con "괜찮아요" (Está bien) o "별로예요" (No tanto).

En consecuencia, la expresión "괜찮아요" se emplea en todo tipo de ocasiones y con varios sentidos. No solo se puede hacer uso de "괜찮아요" para evitar revelar que nos encontramos mal o que algo no nos parece bien, sino que también la podemos usar para disculparnos y para mostrar agradecimiento. Cuando alguien nos importuna con algo o nos presiona, podemos pedirle amablemente que deje de hacerlo con un simple "괜찮아요", que equivaldría a decir "No, gracias." en español. Podemos mostrar nuestro interés hacia un amigo que está o ha estado enfermo preguntando "괜찮아요?", podemos demostrar que aceptamos las disculpas de alguien diciéndole "괜찮아요." y podemos mostrar nuestro apoyo a un amigo que está deprimido preguntándole "괜찮아요?".

Esta polisemia de "괜찮아요" puede resultarle confusa a aquellos que acaban de empezar a estudiar coreano. Para entender adecuadamente el valor de "괜찮아요" en cada caso, es importante prestar atención al rostro, al tono de la voz y a los gestos del hablante para entender qué quiere decir. A partir de ahora, cuando se sienta frustrado, alce la cabeza y grite "괜찮아요." para darse ánimos y practicar esta expresión.

Capítulo 14 지난주에 제주도에 여행 갔어요.

- Formación del tiempo pasado -았/었어요
- El indicador de duración temporal 동안
- El superlativo 제일 "el/la/lo más"
- El comparativo 보다 더 "más que"

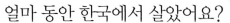

> 얼마 동안 한국에서 살았어요?
> ¿Cuánto tiempo has vivido en Corea?

> 2년 동안 **살았어요.**
> He vivido durante dos años.

● Formación del tiempo pasado -았/었어요

Para poder usar los verbos y los adjetivos en pasado, se les debe añadir a la raíz la terminación -았/었어요. En el caso de aquellas raíces terminadas en 하, la conjugación correspondiente es -했어요. Si la raíz del verbo o adjetivo termina por la vocal '하' o por la vocal 'ㅗ', la terminación de pasado correspondiente es -았어요, mientras que en el resto de los casos es -었어요.

presente			pasado
운동하다	운동하 + -였어요	→	운동했어요
좋다	좋 + -았어요	→	좋았어요
먹다	먹 + -었어요	→	먹었어요

어제 공원에서 운동했어요. Ayer hice ejercicio en el parque.

지난주에 조금 바빴어요. La semana pasada estuve un poco ocupado.

● El indicator de duración temporal 동안

동안 se ubica justo detrás de una cantidad de tiempo para indicar la duración cronológica. Al preguntar por la duración de algo, 동안 debe ir precedido por el interrogativo 얼마.

1 A 얼마 동안 부산에서 일했어요? ¿Cuánto (tiempo) trabajaste en Busan?

   B 6(여섯) 달 동안 일했어요. Trabajé durante seis meses.

2 A 얼마 동안 서울에서 살았어요? ¿Cuánto (tiempo) viviste en Seúl?

   B 4(사) 년 동안 살았어요. Viví durante cuatro años.

Curiosidades

En coreano existen dos maneras de expresar la duración en meses.

dos meses: 2 (두) 달 (달 se usa con los numerales autóctonos coreanos.)
          2 (이) 개월 (개월 se usa con los numerales sinocoreanos.)

El superlativo 제일 "el/la/lo más"

En coreano la forma superlativa se forma añadiendo 제일 justo antes del adjetivo tanto en frases enunciativas como interrogativas.

A 무슨 영화가 제일 재미있어요? ¿Qué películas son las más divertidas?

B 코미디 영화가 제일 재미있어요. Las comedias son las más divertidas.

> **¡Cuidado!**
> No se puede usar 제일 con sustantivos.
>
> mejor amigo:
> 제일 친구 (x)
> 제일 좋은 친구 (o)

El comparativo 보다 더 "más que"

Al hacer una comparación, se utiliza la partícula 보다 después del elemento comparado, y 더 justo antes del adjetivo, adverbio y verbo para expresar "más".

여름이 겨울보다 더 좋아요. El verano es mejor que el invierno.

Se utiliza 중에서 para indicar qué opción entre varias es la que destacada.

A 빨간색하고 파란색 중에서 뭐가 더 좋아요?
Entre el rojo y el azul, ¿cuál prefieres?

B 빨간색이 파란색보다 더 좋아요.
Prefiero el rojo al azul.

? Curiosidades

더 "más"
이게 더 비싸요. Este es <u>más</u> caro.

다 "todo/a(s)" (En coreano es un adverbio.)
다 왔어요. Vinieron <u>todos</u>.

또 "otra vez"
또 만나요. Ya nos vemos <u>en otra ocasión</u>.

도 "también / tampoco" (Se usa tras un nombre o un pronombre.)
내일도 시간이 없어요. Mañana <u>tampoco</u> tengo tiempo.

Pista **127**

Jina	¿Qué tal el viaje de esta ocasión?
Paul	Fue muy divertido.
Jina	¿Cuánto tiempo estuviste de viaje?
Paul	Viajé durante tres días.
Jina	¿Adónde fuiste?
Paul	Fui a la isla de Jeju.
Jina	¿Qué hiciste en Jeju?
Paul	Subí una montaña. También visité muchos lugares.

지나 이번 여행이 어땠어요?

폴 정말 재미있었어요.

지나 얼마 동안 여행했어요?

폴 3일 동안 여행했어요.

지나 어디에 갔어요?

폴 제주도에 갔어요.

지나 제주도에서 뭐 했어요?

폴 등산했어요. 그리고 여기저기 구경했어요.

Nuevo vocabulario

이번 esta vez, esta ocasión

여행 viaje

얼마 동안 cuánto tiempo

여행하다 viajar

동안 durante, por

제주도 Isla de Jeju

여기저기 acá y allá

구경하다 visitar

Nuevas expresiones

이번 여행이 어땠어요?
¿Qué tal el viaje de esta ocasión?

얼마 동안 여행했어요?
¿Cuánto tiempo estuviste de viaje?

어디에 갔어요? ¿Adónde fuiste?

뭐 했어요? ¿Qué hiciste?

Aclaraciones

★ **여행하다 = 여행 가다**
En coreano "viajar" se puede decir tanto 여행하다 como 여행가다, pero cada uno rige una partícula diferente:
제주도를 여행했어요. = 제주도에 여행 갔어요.

★ **Expresar la duración de un viaje**
En la conversación de arriba, encontramos la expresión "3일 동안 여행했어요.", la cual se emplea con mucha frecuencia para indicar la duración de un viaje, ya sea este de negocios o de placer. Para indicar que un viaje es de dos noches y tres días, es habitual decir 2박 3일 (이박 삼일) 여행. En el caso de tratarse de un viaje de un solo día, diríamos 당일 여행.

James	¿Qué hiciste ayer?
Rie	Hice turismo por Seúl.
James	¿Qué lugar te gustó más?
Rie	Namsan fue lo que más me gustó.
James	¿Cómo era?
Rie	Las vistas eran impresionantes.
James	¿Qué más hiciste?
Rie	Cené en Insadong. También bebí un té tradicional.

제임스 **어제 뭐 했어요?**

리에 **서울을 구경했어요.**

제임스 **어디가 제일 좋았어요?**

리에 **남산이 제일 좋았어요.**

제임스 **어땠어요?**

리에 **경치가 아름다웠어요.**

제임스 **또 뭐 했어요?**

리에 **인사동에서 저녁 식사를 했어요.
그리고 전통차도 마셨어요.**

A)claraciones

★ **서울을 구경했어요. "Hice turismo por Seúl."**
Al usar el verbo 구경하다, que significa "visitar un lugar" o "hacer turismo en un lugar", el lugar visitado se indica con la partícula de complemento directo 을/를.

시내를 구경했어요. (o)   Visité el centro (de la ciudad).
시내에서 구경했어요. (x)

★ **저녁 식사(를) 하다 = 저녁(을) 먹다**
En coreano, "cenar" se puede expresar tanto con el verbo 하다 como con el verbo 먹다, pero en el primer caso ha de incluirse el término 식사, mientras que en el segundo no es posible.

저녁 식사를 하다 (o)   저녁을 먹다 (o)
저녁 식사를 먹다 (x)   저녁을 하다 (x)

Nuevo vocabulario

어제 ayer

제일 el más (superlativo)

좋다 bueno

남산 Namsan (famosa montaña de Seúl)

경치 vistas

아름답다 (ser) impresionante, hermoso

또 además (de eso)

인사동 Insa-dong (área de Seúl)

전통차 té tradicional

마시다 beber, tomar

Nuevas expresiones

어제 뭐 했어요?
¿Qué hiciste ayer?

어디가 제일 좋았어요.
¿Qué lugar te gustó más?

어땠어요? ¿Cómo era/fue?

경치가 아름다웠어요.
Las vistas eran impresionantes.

또 뭐 했어요?
¿Qué más hiciste?

Pista 129

● 같이 [가치]

Cuando la consonante final de una sílaba es 'ㄷ' o 'ㅌ', y la siguiente sílaba comienza por 'ㅣ', se pronuncian [ㅈ] y [ㅊ] respectivamente.

(1) ㄷ → [ㅈ]　해돋이 [해도지], 굳이 [구지]

(2) ㅌ → [ㅊ]　밭이 [바치], 끝이 [끄치]

Vocaburario adicional

Pista 130

①

②

③

1	옷을 입다	ponerse la ropa
2	신발을 신다	ponerse el calzado
3	사진을 찍다	sacar fotos
4	한국어를 배우다	aprender coreano
5	영어를 가르치다	enseñar inglés
6	선물을 주다	regalar, dar un regalo
7	웃다	reír, sonreír
8	울다	llorar
9	친구를 기다리다	esperar a un amigo/a

④

⑤

⑥

생각하다	pensar
선택하다	elegir, seleccionar
사용하다	usar, utilizar
물어보다	preguntar
대답하다	contestar
걱정하다	preocuparse
잃어버리다	perderse
잊어버리다	olvidarse
찾다	buscar, encontrar
받다	recibir
떠나다	marcharse

⑦

⑧

⑨

De viaje

A ¿En qué puedo ayudarle?

B Deme un mapa, por favor.

Al pedir algo en un centro de información turística.

A ¿Puedo ayudarle?

B Sí, por favor, ayúdeme.

Al perderse.

A Disculpe, ¿dónde está el mostrador de facturación?

B Vaya por aquí.

Al preguntarle algo a un desconocido.

※ Puede que el desconocido le indique el camino antes de que le pregunte y seguramente lo haga diciendo:
이쪽으로 오세요. "Venga por aquí."

Gramática

▶ Conjugue en pasado los verbos indicados para completar las frases. (1~3)

1 어제 집에서 책을 (1) _____. 책이 (2) _____.
　　　　　　　　　　　읽다　　　　　　　　　　재미있다

2 지난주에 마크 씨 집에서 파티를 (1) _____. 파티에 사람들이 (2) _____.
　　　　　　　　　　　　　　하다　　　　　　　　　　　　　많다

3 작년에 폴 씨가 한국에 _____. 그리고 한국어를 (2) _____.
　　　　　　　　　　　오다　　　　　　　　　　배우다

▶ Mire los dibujos y complete los diálogos. (4~6)

4 A 얼마 동안 잤어요?

　 B _____ 동안 잤어요.

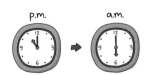

5 A 얼마 동안 여행했어요?

　 B _____ 동안 여행했어요.

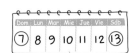

6 A 얼마 동안 한국어를 배웠어요?

　 B _____ 배웠어요.

▶ Mire los dibujos y complete los diálogos. (7~8)

7 A 산하고 바다 중에서 어디가 더 좋아요?

　 B _____이/가 _____보다 더 좋아요.

산　　　　바다

8 A 테니스하고 축구하고 농구 중에서 뭐가 제일 좋아요?

　 B _____이/가 제일 좋아요.

테니스　　축구　　농구

▸ Escuche el audio y elija la respuesta correcta a las preguntas. (9~10)

Pista 132

9 A 어제 제인 씨를 만났어요?

   B _____ .

   ⓐ   ⓑ   ⓒ   ⓓ

10 A 냉면하고 비빔밥 중에서 뭐가 더 좋아요?

    B _____ ,

    ⓐ   ⓑ   ⓒ   ⓓ

▸ Lea el texto y elija la respuesta adecuada a cada pregunta. (11~12)

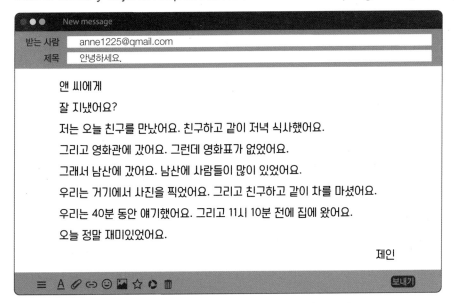

받는 사람 anne1225@qmail.com

제목 안녕하세요.

앤 씨에게

잘 지냈어요?

저는 오늘 친구를 만났어요. 친구하고 같이 저녁 식사했어요.

그리고 영화관에 갔어요. 그런데 영화표가 없었어요.

그래서 남산에 갔어요. 남산에 사람들이 많이 있었어요.

우리는 거기에서 사진을 찍었어요. 그리고 친구하고 같이 차를 마셨어요.

우리는 40분 동안 얘기했어요. 그리고 11시 10분 전에 집에 왔어요.

오늘 정말 재미있었어요.

제인

11 제인 씨가 오늘 뭐 했어요?

    ⓐ 영화표를 샀어요.   ⓑ 혼자 차를 마셨어요.

    ⓒ 친구하고 점심 식사했어요.   ⓓ 남산에서 사진을 찍었어요.

12 제인 씨가 몇 시에 집에 왔어요?

    ⓐ 10시 40분   ⓑ 10시 50분   ⓒ 11시   ⓓ 11시 10분

Respuestas en pág. 279

Apuntes culturales

서해 Seohae

설악산 Seoraksan

한려수도 Hallyeosudo

진해 Jinhae

Q ¿Qué lugares deberíamos visitar en Corea?

Corea cuenta con cuatro estaciones muy marcadas, por lo que cada una de ellas ofrece unos paisajes muy diferentes, aunque igualmente bellos. Con la llegada de la primavera en marzo o abril, todo el país se va cubriendo de flores empezando por las regiones más meridionales. Yeosu es célebre por sus camelias, Jinhae por los cerezos en flor, Gwangyang por sus flores de ciruelo, etc. El verano ofrece la oportunidad de contemplar misteriosos paisajes rebosantes de verdor desde la cima de una de sus numerosas montañas, la cual no es complicado puesto que el 70% del territorio coreano está cubierto por montañas. Por otra parte, al estar Corea rodeada por mar salvo en su parte septentrional, todos los veranos podemos ver cómo muchos huyen del calor estival y se refugian en las playas del este, en el parque marítimo de Hallyeo en el sur o en las playas enlodadas del oeste. La llegada del otoño suele caer en octubre y con ella el país se llena de vivos colores gracias a las hojas de los arces. El monte Naejang es posiblemente el mejor lugar para poder disfrutar de todo el esplendor de este espectáculo otoñal. En invierno, son muchos los que deciden disfrutar de las pistas de esquí de la provincia de Gangwon-do, aunque otros prefieren ir a la isla de Jeju, ya se puede disfrutar de sus paisajes en cualquier época del año.

Corea también cuenta con un gran número de atracciones culturales. No hay mejor destino que Gyeongju, la capital del antiguo reino de Shilla, para viajar en el tiempo a través de sus más de mil años de historia gracias a sus antiguos templos y monumentos. Por su parte, Andong nos ofrece una ventana a la cultura confuciana gracias a Dosan-seowon (antiguo centro de educación confuciana) y las aldeas de Hahoe, e Icheon, donde se puede admirar su tradición cerámica.

Si deseas disfrutar de la cultura de Corea o de su naturaleza, no dudes en viajar para descubrir este hermoso país. Para más información, no dejes de visitar la página oficial de la Organización de Turismo de Corea: https://visitkorea.or.kr.

Capítulo 15 내일 한국 음식을 만들 거예요.

- Formación del tiempo futuro -(으)ㄹ 거예요
- La negación 못 "no poder"

내일 뭐 할 거예요?

¿Qué vas a hacer mañana?

친구를 만날 **거예요.**

Voy a quedar con un amigo.

● Formación del tiempo futuro -(으)ㄹ 거예요

Para formar el tiempo futuro, hay que seguir la siguiente estructura.

Tras raíces verbales terminadas en vocal	Tras raíces verbales terminadas en consonante
내일 여행 갈 거예요. Mañana me iré de viaje.	내일 책을 읽을 거예요. Mañana leeré un libro.

이번 주에 너무 바빴어요. 그래서 이번 주말에 집에서 쉴 거예요.

Esta semana he estado muy ocupado. Por eso, este fin de semana descansaré en la casa.

En el caso de los adjetivos, esta estructura también tiene un valor de probabilidad como "puede que" en español. Para hacer más clara su intención, el hablante puede incluir la palabra 아마 (quizá).

Tras raíces verbales terminadas en vocal	Tras raíces verbales terminadas en consonante
마크 씨가 아마 바쁠 거예요. Puede que Mark esté ocupado.	지나 씨가 아마 기분이 좋을 거예요. Puede que Jina esté de buen humor.

En el caso de los verbos irregulares cuya raíz termine en la consonante 'ㄷ', dicha consonante se transforma en 'ㄹ' siempre que la desinencia verbal comience por vocal, como es el caso de -을 거예요.

내일 음악을 들을 거예요.   Mañana escucharé música.

En los verbos irregulares cuya raíz termina en la consonante 'ㅂ', esta se transforma en la vocal 우, siempre que la desinencia verbal comience por vocal, como es el caso de -을 거예요.

이번 시험이 어려울 거예요.   Este examen será difícil.

* Para más casos de verbos irregulares, dirigirse a la página 269.

다음 주 주말에 같이 여행 가요.
Vámonos de viaje el próximo fin de semana.

미안해요. 못 가요.
Lo siento. No puedo ir.

La negación 못 "no poder"

Para expresar que el sujeto de una frase no puede realizar una determinada acción por la razón que sea, se usa 못. Se emplea con verbos, y su ubicación en la frase es exactamente la misma que 안, es decir, justo antes del verbo.

Verbos formados con 하다	Otros verbos
일 못 해요.	못 자요.
운동 못 해요.	못 먹어요.

오늘 시간 없어요. 그래서 운동 못 해요.
Hoy no tengo tiempo. Por eso no puedo hacer ejercicio.

어제 커피를 많이 마셨어요. 그래서 못 잤어요.
Ayer bebí mucho café. Por eso no he podido dormir.

Ubicación de 안 y 못 en la frase

	Verbos formados con 하다	Otros verbos
안 no	일 안 해요.	안 가요.
못 no poder	일 못 해요.	못 가요.

	Adjetivos formados con 하다	Otros adjetivos
안 no	안 피곤해요.	안 비싸요.
못 no poder	Los adjetivos no pueden llevar 못.	

Yujin	¿Qué harás mañana?
James	Nada en especial. ¿Por qué?
Yujin	¡Qué bien! Mañana voy a hacer comida coreana en casa. ¡Hagámosla juntos!
James	¿A qué hora harás la comida mañana?
Yujin	La haré sobre las dos de la tarde.
James	De acuerdo. Nos vemos mañana.

유진 내일 뭐 할 거예요?

제임스 별일 없어요. 왜요?

유진 잘됐어요.

내일 우리 집에서 한국 음식을 만들 거예요.

같이 만들어요.

제임스 내일 언제 만들 거예요?

유진 오후 2시쯤 만들 거예요.

제임스 알겠어요. 내일 봐요.

Nuevo vocabulario

내일 mañana

별일 novedad

우리 nosotros/as

우리 집 mi casa

Nuevas expresiones

별일 없어요. Nada (en) especial.

잘됐어요. ¡Qué bien!

알겠어요. De acuerdo., Entendido.

내일 봐요. Nos vemos mañana.

Aclaraciones

★ **잘됐어요. "Qué bien., Fantástico., Ha salido bien."**

Se emplea 잘됐어요 para expresar que algo ha salido como esperábamos o mostrar nuestra alegría o satisfacción al recibir una buena noticia.

Por otra parte, la expresión contraria, que usaríamos cuando algo no sale bien o al menos no como queríamos o como pensábamos, es 안됐어요. Si se quiere dotar a cualquiera de estas expresiones de cierta sorpresa, se puede utilizar la terminación -네요: 잘됐네요 o 안됐네요.

1	A	제인 씨가 회사에 취직했어요.	Jane ha conseguido trabajo en una empresa.
	B	잘됐어요. (= 잘됐네요.)	¡Qué bueno! (Igual pero expresando mayor sorpresa)
2	A	폴 씨가 시험에 떨어졌어요.	Paul suspendió el examen.
	B	안됐어요. (= 안됐네요.)	¡Qué lástima! (Igual pero expresando mayor sorpresa)

Pista 134

Jina	Mark, el próximo viernes voy a ir a la casa de Ann. ¡Vayamos juntos!
Mark	Lo siento. No puedo ir.
Jina	¿Por qué? ¿Qué pasa?
Mark	El próximo jueves iré a Japón en viaje de negocios.
Jina	¿De verdad? ¿Cuánto tiempo estarás ahí?
Mark	Estaré cinco días.
Jina	Entiendo. Pues que tengas un buen viaje de negocios.

지나 　마크 씨, 다음 주 금요일에 앤 씨 집에 갈 거예요. 같이 가요.

마크 　미안해요. 못 가요.

지나 　왜요? 무슨 일이 있어요?

마크 　다음 주 목요일에 일본에 출장 갈 거예요.

지나 　그래요? 얼마 동안 거기에 있을 거예요?

마크 　5일 동안 있을 거예요.

지나 　네, 알겠어요. 그럼, 출장 잘 다녀오세요.

Nuevo vocabulario

다음 주 la próxima semana

못 no poder

무슨 qué, cuál

일 asunto

목요일 jueves

일본 Japón

출장 viaje de negocios

출장 가다 ir de viaje de negocios

거기 ahí, (en) ese lugar

있다 estar

잘 bien, bueno

다녀오다 ir y volver

Nuevas expresiones

같이 가요. ¡Vayamos juntos!

미안해요. Lo siento.

무슨 일이 있어요?
¿Qué pasa?

얼마 동안 거기에 있을 거예요?
¿Cuánto tiempo estarás ahí?

출장 잘 다녀오세요.
Que tengas un buen viaje de negocios.

Aclaraciones

★ 미안해요. "Lo siento."

En español, se puede utilizar "Lo siento." tanto para pedir perdón por algo como para expresar compasión o arrepentimiento. Sin embargo, en coreano, "미안해요" solo se emplea para disculparse. En español, podemos decir "Siento mucho su perdida." no para disculparnos, sino para expresar nuestra solidaridad y tristeza con el oyente. En coreano, para expresar estos sentimientos se utiliza "유감이에요."

Pista 135

● 못 해요 [모 태요], 못 먹어요 [몬 머거요]

1. La consonante final 'ㅅ' de 못 se pronuncia normalmente como [ㄷ]; sin embargo, en caso de ir seguida de 'ㅎ', ambos sonidos se fusionan en [ㅌ].

   못 했어요 [모 태써요]

2. La consonante final 'ㅅ' de 못 se pronuncia normalmente como [ㄷ]; sin embargo, en caso de ir seguida de las consonantes nasales 'ㄴ' o 'ㅁ', 'ㄴ' pasa a pronunciarse como [ㄴ].

   못 나가요 [몬 나가요], 못 마셔요 [몬 마셔요]

Vocaburario adicional

Pista 136

크다 ↔ 작다
ser grande ↔ ser pequeño

춥다 ↔ 덥다
hacer frío ↔ hacer calor

키가 크다 ↔ 키가 작다
ser alto ↔ ser bajo

길다 ↔ 짧다
ser largo ↔ ser corto

가깝다 ↔ 멀다
estar cerca ↔ estar lejos

재미있다 ↔ 재미없다
ser divertido ↔ ser aburrido

같다 ↔ 다르다
ser igual ↔ ser diferente

비싸다 ↔ 싸다
ser caro ↔ ser barato

좋다 ↔ 나쁘다
ser bueno ↔ ser malo

많다 ↔ 적다
ser mucho ↔ ser poco

배고프다 ↔ 배부르다
tener hambre ↔ estar lleno

어렵다 ↔ 쉽다
ser difícil ↔ ser fácil

조용하다 ↔ 시끄럽다
ser tranquilo ↔ hacer ruido

가볍다 ↔ 무겁다
ser ligero ↔ ser pesado

깨끗하다 ↔ 더럽다
estar limpio ↔ estar sucio

뚱뚱하다 ↔ 마르다
estar gordo ↔ estar delgado

어둡다 ↔ 밝다
ser oscuro ↔ ser claro

Reaccionar ante noticias

A   Jane ha aprobado el examen.
B   ¡Qué bueno!

Al escuchar una buena noticia sobre alguien.

A   Jinsu ha suspendido el examen.
B   ¡Qué lástima!

Al escuchar una mala noticia sobre alguien.

A   ¡Menos mal!

Al escuchar que algo preocupante acaba bien.

A   ¡Qué horror!

Al escuchar algo terrible que despierta nuestra compasión.

Gramática

▶ Elija la opción correcta para completar las frases. (1~4)

1 작년에 수영을 배웠어요. 내년에 태권도를 (ⓐ 배웠어요. / ⓑ 배울 거예요.)

2 조금 전에 물을 (ⓐ 마셨어요. / ⓑ 마실 거예요.) 그래서 지금 물을 안 마실 거예요.

3 어제 서울 여기저기를 (ⓐ 걸었어요. / ⓑ 걸을 거예요.) 오늘 집에서 쉴 거예요.

4 내일 고향에 돌아갈 거예요. 앞으로 1년 동안 고향에서 (ⓐ 살았어요. / ⓑ 살 거예요.)

▶ Complete las frases conjugando el verbo en futuro. (5~7)

5 오늘 친구를 만나요. 내일도 친구를 _____.

6 이번 주말에 한국어 책을 읽어요. 다음 주말에도 한국어 책을 _____.

7 이번 달에 영화를 봐요. 다음 달에도 영화를 _____.

▶ Mire los dibujos y rellene los huecos de los diálogos como en el ejemplo. (8~9)

Ej. A 내일 같이 여행 가요.

 B 미안해요. <u>같이 여행 못 가요</u>. 요즘 너무 바빠요.

8 A 같이 영화 봐요.

 B 미안해요. _____. 다른 약속이 있어요.

9 A 같이 술 마셔요.

 B 미안해요. _____. 감기에 걸렸어요.

Comprensión auditiva

▶ Escuche las preguntas del audio y elija la repuesta correcta. (10~11)

Pista 138

10 ⓐ 친구 집에 갈 거예요.

ⓑ 친구 생일이 아니에요.

ⓒ 친구를 안 만날 거예요.

ⓓ 내일이 5월 20일이에요.

11 ⓐ 여행 시간이 많아요.

ⓑ 기차표를 살 거예요.

ⓒ 다른 약속이 있어요.

ⓓ 여행사에서 일 안 해요.

Comprensión lectora

▶ Lea las frases y elija las que sean adecuadas para rellenar los huecos. (12~13)

12
마크 씨는 회사원이에요. 회사가 서울에 있어요.

그런데 내일은 회사에 안 가요. 왜냐하면 부산에서 회의가 있어요.

그래서 내일 마크 씨가 부산에 _____.

ⓐ 안 갈 거예요

ⓑ 출장 갈 거예요

ⓒ 여행 갈 거예요

ⓓ 이사 갈 거예요

13
한국에서 여섯 달 동안 일했어요. 너무 바빴어요. 한국어를 _____.

그래서 한국어를 잘 못해요. 다음 달부터 한국어를 공부할 거예요.

ⓐ 공부했어요

ⓑ 공부할 거예요

ⓒ 공부 못 했어요

ⓓ 공부 못 할 거예요

Respuestas en pág. 280

Apuntes culturales

Q ¿Qué es apropiado regalar en Corea según la ocasión?

Hacer regalos es algo que viene determinado por la cultura y la personalidad de cada uno. ¿Qué suelen regalar los coreanos? Cuando se visita a un amigo en su casa, es habitual llevarle fruta, mientras que si se le visita en su lugar de trabajo, unas botellitas de zumo suelen ser el regalo elegido.

En la fiesta de inauguración de una casa, los coreanos acostumbran a regalar jabón y papel higiénico. La razón por la que se regala jabón es que los invitados desean que las personas que se acaban de mudar tengan tanta suerte como burbujas produce el jabón. Los recién casados suelen recibir en la fiesta de inauguración de su nueva casa suficiente jabón y papel higiénico como para no tener que comprar más durante su primer año de vida en común.

Cuando se celebra una fiesta por el primer cumpleaños de un bebé, el regalo más habitual es un anillo de oro. La mayoría de los coreanos tienen uno o dos anillos de oro que recibieron al cumplir un año de edad. No obstante, hoy en día, algunas personas prefieren dar dinero a regalar un anillo de oro, pero la celebración del primer cumpleaños sigue asociándose con los anillos de oro. De hecho, se pueden encontrar anillos especiales para la celebración del primer cumpleaños en prácticamente cualquier joyería coreana.

Los estudiantes que van a hacer algún examen importante suelen recibir 엿 (dulce parecido a los caramelos de tofe) o 찹쌀떡 (dulce hecho de pasta de arroz). En coreano, el verbo "aprobar" (붙다) suena igual que "pegarse" (붙다), así que por asociación se les regalan cosas de naturaleza pegajosa.

En grandes eventos como bodas y funerales la gente suele preparar sobres con dinero. El origen de esta tradición viene del pasado comunal en el que la gente se intercambiaba favores por turnos. Cuando en una familia se celebraba algún gran evento u ocurría alguna tragedia, los vecinos solían contribuir con dinero o colaborando en lo que necesitaran, sabiendo que cuando ellos estuvieran en una situación parecida los demás le devolverían el favor. Si usted tiene la oportunidad de asistir a alguna boda o a algún funeral en Corea, probablemente se encontrará a la entrada con alguien cuya misión sea hacerse cargo de los sobres que traigan los invitados. ¡Vengan acá con sus regalos!

Capítulo 16 같이 영화 보러 갈 수 있어요?

- -(으)ㄹ 수 있다/없다 "poder / no poder"
- -(으)러 가다/오다 "ir / venir a + (verbo)"
- Expresar la firme intención de hacer algo -(으)ㄹ게요

태권도 할 수 있어요?
¿Puedes hacer taekwondo?

네, 할 수 있어요.
Sí, puedo.

-(으)ㄹ 수 있다/없다 "poder/no poder"

Esta estructura se usa para indicar si alguien puede o no puede llevar a cabo una determinada acción.

	Tras raíces verbales terminadas en vocal	Tras raíces verbales terminadas en consonante
Forma afirmativa	할 수 있어요. Puede hacerlo.	읽을 수 있어요. Puedo leer.
Forma negativa	할 수 없어요. No puedo hacerlo.	읽을 수 없어요. No puedo leer.

1 A 운전할 수 있어요?   ¿Puedes conducir?

  B 네, 운전할 수 있어요.   Sí, puedo conducir.

2 A 이 음식을 혼자 다 먹을 수 있어요?   ¿Puedes comerte toda esta comida tú solo?

  B 아니요, 먹을 수 없어요.   No, no puedo comérmela toda.

Esta estructura se puede usar en otros tiempos verbales conjugando el verbo 있다/없다 en el tiempo correspondiente:

pasado   읽을 수 있었어요.   Pude leerlo.

futuro   읽을 수 있을 거예요.   Podré leerlo.

> **?** **Curiosidades**
>
> Se puede emplear 못 en lugar de -(으)ㄹ 수 없다 para indicar que no se puede hacer algo sin que varíe el significado. Solo se puede emplear 못 con verbos y se coloca en el mismo lugar que ocupa 안.
>
> A 수영할 수 있어요?   ¿Puedes nadar?
>
> B 아니요, 수영할 수 없어요. (= 수영 못 해요.)   No puedo nadar. (= No puedo nadar.)

같이 축구 보러 **가요.** 제가 표 **살게요.**
Vamos a ver el partido de fútbol. Yo compraré las entradas.

네, 그래요.
Bien, de acuerdo.

-(으)러 가다/오다 "ir / venir a + (verbo)"

Esta estructura se usa cuando el sujeto va o viene con un propósito determinado.

Tras raíces verbales terminadas en vocal	Tras raíces verbales terminadas en consonante
친구를 만나러 가요. Voy a encontrarme con un amigo.	점심을 먹으러 가요. Voy a almorzar.

A 왜 친구 집에 가요?   ¿Por qué vas a la casa de tu amigo?
B 공부하러 가요.   Voy a estudiar.

Estas estructuras también se pueden utilizar en pasado y futuro simplemente conjugando los verbos 가다/오다 en el tiempo deseado.

pasado   일하러 왔어요.   He venido a trabajar.

futuro   옷을 사러 갈 거예요.   Iré a comprar ropa.

Expresar la firme intención de hacer algo -(으)ㄹ게요

Cuando se quiere enfatizar la firme intención que tenemos de llevar a cabo una determinada acción, podemos usar la estructura -(으)ㄹ게요. Dicha estructura solo se puede usar en primera persona de singular y en frases enunciativas, nunca interrogativas.

Tras raíces verbales terminadas en vocal	Tras raíces verbales terminadas en consonante
먼저 갈게요. Iré yo primero.	먹을게요. Lo comeré.

A 뭐 먹을 거예요?   ¿Qué vas a comer?
B 갈비 먹을게요.   Voy a comer costillas.

Pista **139**

Jane	¿Puedes nadar?
Jinsu	No.
Jane	Entonces, ¿Puedes jugar al tenis?
Jinsu	Puedo jugar al tenis, pero no se me da muy bien.
Jane	No importa. Yo te enseñaré. Vamos mañana a jugar al tenis.
Jinsu	Muy bien.

제인 수영할 수 있어요?

진수 아니요.

제인 그럼, 테니스 칠 수 있어요?

진수 칠 수 있어요. 그런데 잘 못해요.

제인 괜찮아요. 제가 가르쳐 줄게요.
      내일 같이 테니스 치러 가요.

진수 좋아요.

Nuevo vocabulario

수영하다 nadar

테니스 tenis

테니스(를) 치다 jugar al tenis

못하다 no poder

제가 yo

괜찮다 estar bien, no haber ningún problema

가르쳐 주다 enseñar (a alguien)

Nuevas expresiones

잘 못해요. No se me da muy bien. (Expresión de modestia)

괜찮아요. No importa.

제가 가르쳐 줄게요. Yo te enseñaré.

내일 같이 테니스 치러 가요. Vamos mañana a jugar al tenis.

Aclaraciones

★ **Diferencia entre 제가 y 저는**

En coreano, el sujeto de primera persona "yo", se puede expresar de dos maneras diferentes: 제가 (con la partícula de sujeto 이/가) 저는 (con la partícula 은/는). Aunque el uso del pronombre de primera persona con la partícula de sujeto es el más común, ha de tenerse en cuenta que cuando se quiere hacer énfasis en uno mismo, en oposición a un sujeto anterior, o en alguna diferencia entre otra persona y uno mismo, se debería usar la partícula de tema. No obstante, con la estructura -(으)ㄹ게요, si no hay un contexto particular que lo exija, es más habitual el empleo de la partícula de sujeto: 제가.

어제 제가 (= 저는) 친구를 만났어요. Ayer me encontré con un amigo.
제가 (≠ 저는) 할게요. Lo haré yo.

James	¿Tienes tiempo este sábado?
Jina	¿Por qué?
James	Es que tengo dos entradas de cine. ¿Puedes venir conmigo a ver una película?
Jina	Lo siento. Tengo otro compromiso.
James	De acuerdo. Ya iremos en otra ocasión.
Jina	Lo siento de veras.

제임스 이번 주 토요일에 시간 있어요?

지나 왜요?

제임스 영화표가 두 장 있어요.
같이 영화 보러 갈 수 있어요?

지나 미안해요. 다른 약속이 있어요.

제임스 알겠어요. 다음에 같이 가요.

지나 정말 미안해요.

Nuevo vocabulario

토요일 sábado

영화표 entrada de cine

다른 otro

약속 compromiso, cita

Nuevas expresiones

이번 주 토요일에 시간 있어요?
¿Tienes tiempo este sábado?

같이 영화 보러 갈 수 있어요?
¿Puedes venir conmigo a ver una película?

다른 약속이 있어요.
Tengo otro compromiso.

다음에 같이 가요.
Ya iremos en otra ocasión.

정말 미안해요.
Lo siento de veras.

Aclaraciones

★ **다음에 "la próxima (vez)"**
Cuando se quiere dejar constancia del interés que uno tiene de llevar a cabo algo con otra persona pero no resulta todavía posible fijar una fecha, se puede usar 다음에 para referirse a un tiempo indeterminado en el futuro. El equivalente en español podría ser "la próxima (vez)", "en otra ocasión" u "otro día".

★ **Diferencia entre 알겠어요. "Entiendo." y 알아요. "Lo sé."**
Se utiliza 알겠어요 para indicar que se ha comprendido una situación, mientras que se emplea 알아요 para indicar que se tiene conocimiento de algo. Por eso, en la conversación de arriba, James dice 알겠어요 al comprender que no puede quedar con Jina porque esta tiene otro compromiso.

Pista 141

● 좋아요 [조아요]

Cuando la consonante '후' se ubica en posición final de sílaba y la siguiente sílaba comienza por un sonido vocálico, la letra '후' es muda.

(1) 많이 [마니]

(2) 괜찮아요 [괜차나요]

Vocaburario adicional

Pista 142

El verbo 치다 significa golpear y se emplea para jugar al tenis, jugar al ping-pong, tocar el piano, etc.

테니스를 치다

탁구를 치다

피아노를 치다

El verbo 타다 se emplea para decir patinar, esquiar, montar en bicicleta, etc.

스케이트를 타다

스키를 타다

자전거를 타다

El verbo 하다 se suele usar con los deportes que se juegan en equipos: 축구 "fútbol", 농구 "baloncesto", 태권도 "taekwondo", etc.

축구를 하다

농구를 하다

태권도를 하다

Aceptar una invitación

A ¿Cuándo tienes tiempo?
B En cualquier momento.

Otras estructuras con "cualquier"
어디든지. "En cualquier lugar.", "Donde quieras."
뭐든지. "Cualquier cosa.", "Lo que quieras."
누구든지. "Cualquier persona."

Rechazar una invitación

A ¡Almorcemos juntos!
B Lo siento (no puedo).

(1) No tengo tiempo.
(2) Tengo mucho trabajo que hacer.
(3) Tengo otro compromiso.
(4) No me encuentro bien.

Gramática

▸ Mire los dibujos y elija la opción correcta. (1~3)

테니스를 치다

축구하다

스키를 타다

1 폴 씨가 테니스를 칠 수 (ⓐ 있어요. / ⓑ 없어요.)

2 폴 씨가 축구할 수 (ⓐ 있어요. / ⓑ 없어요.)

3 폴 씨가 스키를 탈 수 (ⓐ 있어요. / ⓑ 없어요.)

▸ Elija la respuesta correcta a cada pregunta. (4~7)

4 A 왜 식당에 가요?
   B ⓐ 운동하러 식당에 가요.
      ⓑ 점심을 먹으러 식당에 가요.

5 A 왜 회사에 가요?
   B ⓐ 쉬러 회사에 가요.
      ⓑ 일하러 회사에 가요.

6 A 왜 영화관에 가요?
   B ⓐ 요리하러 영화관에 가요.
      ⓑ 영화를 보러 영화관에 가요.

7 A 왜 학교에 가요?
   B ⓐ 옷을 사러 가요.
      ⓑ 한국어를 배우러 가요.

▸ Elija la opción correcta para completar cada diálogo. (8~9)

8 A 비빔밥이 조금 매워요.
   B 그래요? 그럼, 다른 음식을 (ⓐ 먹을게요. / ⓑ 먹을 수 없어요.)

9 A 다음 주에 같이 영화 봐요.
   B 미안해요, (ⓐ 같이 영화 볼게요. / ⓑ 같이 영화 볼 수 없어요.)

▶ Escuche el audio y elija la opción correcta para completar las frases.
(10~11)

Pista 144

10 일본어로 얘기할 수 있어요. 그래서 _____.

   ⓐ   ⓑ   ⓒ   ⓓ

11 자동차를 운전할 수 없어요. 그래서 _____.

   ⓐ   ⓑ   ⓒ   ⓓ

▶ Lea el texto y elija la respuesta correcta a la pregunta.

> 안녕하세요? 저는 제인이에요. 캐나다 대학교에서 1년 동안 한국어를
> 공부했어요. 그래서 한국어를 조금 할 수 있어요. 한국 문화를 공부하
> 러 한국에 왔어요.
> 저는 한국 음식을 정말 좋아해요. 김치하고 비빔밥, 매운 음식도 다 먹
> 을 수 있어요. 하지만 한국 음식을 만들 수 없어요. 그래서 다음 주에
> 한국 요리를 배우러 요리 학원에 갈 거예요.

12 뭐가 맞아요?

   ⓐ 제인 씨가 여행하러 한국에 왔어요.

   ⓑ 제인 씨가 한국 요리를 배울 거예요.

   ⓒ 제인 씨가 한국 음식을 먹을 수 없어요.

   ⓓ 제인 씨가 대학교에서 한국어를 가르쳤어요.

Respuestas en pág. 280

Apuntes culturales

Q ¿Ha oído en alguna ocasión eso de que la modestia es una virtud?

Al preguntarle a un coreano si habla inglés, seguramente responda que no, aunque en realidad lo hable con fluidez. ¿Y qué pasaría si realmente no supiera inglés? Si no pudiera hablar inglés bien, obviamente, contestaría lo mismo. En Corea, es habitual mostrar modestia en situaciones como esta con la frase "잘 못해요." (No se me da bien.)

Para los coreanos la modestia es muy importante, especialmente cuando interaccionan con gente a la que deben tratar con respeto. Mientras que en Occidente la honestidad se tiene en gran estima, en Corea la modestia se valora más que la honestidad. Los coreanos suelen tener en mucha mayor estima a aquellos que se comportan de manera modesta frente a los demás que a aquellos que alardean de sus logros y sus destrezas. Esa es la razón por la que la mayoría de coreanos dicen "잘 못해요." (No se me da bien.), a pesar de ser tan conscientes como los demás de que en realidad son muy competentes en un área determinada; es necesario mostrar modestia hacia los demás.

Sin embargo, en una entrevista de trabajo o en una situación semejante, los coreanos pueden parecer poco competentes por su reticencia a alardear de sus logros y habilidades, ya que una misma frase puede interpretarse como modestia o como incompetencia según el contexto.

A partir de ahora, cada vez que un coreano le alabe por hablar la lengua coreana, no olvide responder en tono modesto "잘 못해요."

Capítulo 17   미안하지만, 다시 한번 말해 주세요.

- -아/어 주세요 "(modo imperativo)+me, por favor."
- Para confirmar información -요?

좀 천천히 말**해** 주세요.
Hábleme un poco más despacio,
por favor.

-아/어 주세요 "(modo imperativo)+me, por favor"

Para pedirle un favor a alguien que haga algo de manera educada, se puede hacer uso de la estructura -아/어 주세요. Esta estructura se añade a la raíz de los verbos, pero en el caso de los verbos cuya raíz termina en 하, se emplea la forma 해 주세요. Si la raíz del verbo termina por la vocal 'ㅏ' o por la vocal 'ㅗ', se añade la forma -아 주세요, mientras que en el resto de los casos se añade la forma -어 주세요. Cuando se pide algo, se puede colocar 주세요 justo después del sustantivo.

Presente				
말하다	말하	+ -여 주세요	→	말해 주세요
찾다	찾	+ -아 주세요	→	찾아 주세요
기다리다	기다리	+ -어 주세요	→	기다려 주세요

길을 가르쳐 주세요.	Muéstreme el camino, por favor.
여기로 와 주세요.	Venga aquí, por favor.
이름을 써 주세요.	Escríbame su nombre, por favor.
전화해 주세요.	Llámeme por teléfono, por favor.

> **(!) ¡Cuidado!**
> 도와주세요.
> Por favor, ayúdeme.

El empleo de 좀 "por favor" contribuye a que nuestra petición resulte más cortés. Si la frase carece de complemento directo, se puede empezar por 좀. En el caso de que la frase sí tenga complemento directo, 좀 se ubicaría justo después del complemento directo sustituyendo la partícula 을/를.

좀 자세히 말해 주세요.	Cuéntemelo con todo detalle, por favor.
사진 좀 찍어 주세요.	Hágame una foto, por favor.
영수증 좀 주세요.	Deme el recibo, por favor.
물 좀 주세요.	Deme agua, por favor.

내일 명동에서 만나요.
Quedemos mañana en
Myeongdong.

네? 명동**요**?
¿Cómo?
¿En Myeongdong?

Para confirmar información 요?

Cuando no oímos algo bien o queremos confirmar que lo que creemos haber entendido es correcto, podemos usar la terminación "요?" justo después del sustantivo que queremos confirmar o preguntar. En teoría, esta terminación es invariable y se utiliza tanto con sustantivos acabados en vocal como en consonante. Sin embargo, es muy normal escuchar "이요?" con los sustantivos terminados en consonante. En los casos en los que queremos pedir que nos repitan o nos confirmen algo que no hemos entendido bien, también es muy frecuente el uso de "네?".

1	A	영화가 11시에 시작해요.	La película empieza a las once.
	B	네? 몇 시요? 11시요?	¿Qué? ¿A qué hora? ¿A las once?
2	A	여권이 필요해요.	Necesita el pasaporte.
	B	여권요?	¿El pasaporte?

Al hablar con amigos o con gente a la que no sea necesario tratarla con deferencia (gente más joven que uno, por ejemplo), es posible omitir "요?" y decir simplemente "11시?" y "여권?". No obstante, fuera de estos casos, ha de utilizarse la terminación "요?".

※ Para preguntar por algún dato que no hayamos oído o que queramos confirmar, podemos usar las siguientes preguntas:

¿Quién?	¿Cuándo?	¿Dónde?	¿Por qué?	¿Cómo?	¿Qué?
누구요?	언제요?	어디요?	왜요?	어떻게요?	뭐요?

내일 5시에 강남역 7번 출구…

다시 한번 말해 주세요.

Jina	Quedemos mañana en Gangnam, a las cinco en la salida número 7 del metro.
Paul	¿Cómo? No te he oído bien. Perdona, repítemelo, por favor.
Jina	Quedemos mañana en Gangnam, a las cinco en la salida número 7 del metro.
Paul	¿En qué salida?
Jina	En la salida número 7.
Paul	Muy bien. De acuerdo.

지나   내일 5시에 강남역 7번 출구에서 만나요.

폴   네? 잘 못 들었어요.
미안하지만, 다시 한번 말해 주세요.

지나   내일 5시에 강남역 7번 출구에서 만나요.

폴   몇 번 출구요?

지나   7번 출구요.

폴   네, 알겠어요.

Nuevo vocabulario

강남 Gangnam (área de Seúl)

지하철역 estación de metro

7번 número 7

출구 salida

만나다 quedar, encontrarse

듣다 escuchar, oír

다시 otra vez, de nuevo

다시 한번 otra vez

말하다 decir, contar, hablar

Nuevas expresiones

네? ¿Cómo?

잘 못 들었어요.
No te he oído bien.

미안하지만… Disculpa…

다시 한번 말해 주세요.
¿Puedes repetírmelo, por favor?

몇 번 출구요? ¿En qué salida?

Aclaraciones

★ **El uso de 못**

En coreano, para negar los verbos 보다 "ver" y 듣다 "oír", es más habitual usar 못 que 안. De manera que, aunque en español se suele decir "No te vi." y "No te oí.", en coreano se suele decir "못 들었어요" y "못 봤어요".

A   마크 씨 봤어요?   ¿Has visto a Mark?

B   아니요, 못 봤어요.   No, no lo he visto.

Pista 146

30분쯤
기다려 주세요.

알겠어요.

Mark	¿Diga?
Ann	Mark, soy yo, Ann.
Mark	Ann, ¿dónde estás ahora?
Ann	Estoy en el autobús. Lo siento. Hay demasiado tráfico.
Mark	¿En serio? ¿Sobre qué hora podrás llegar?
Ann	Espérame unos treinta minutos.
Mark	De acuerdo. Te espero.

마크   여보세요.

앤   마크 씨, 저 앤이에요.

마크   앤 씨, 지금 어디에 있어요?

앤   지금 버스에 있어요.
미안해요. 길이 너무 많이 막혀요.

마크   그래요? 언제쯤 도착할 수 있어요?

앤   30분쯤 기다려 주세요.

마크   알겠어요. 기다릴게요.

Nuevo vocabulario

길 camino, calle, carretera

너무 많이 demasiado

막히다 estar congestionado

도착하다 llegar

기다리다 esperar

Nuevas expresiones

여보세요?
¿Diga?, ¿Aló?, ¿Bueno?

지금 어디에 있어요?
¿Dónde estás ahora?

길이 너무 많이 막혀요.
La carretera está muy congestionada., Hay demasiado tráfico.

언제쯤 도착할 수 있어요?
¿Sobre qué hora puedes llegar?

30분쯤 기다려주세요.
Espéreme unos treinta minutos.

기다릴게요. Te espero.

Aclaraciones

★ 여보세요. "¿Diga?" para contestar al teléfono
Este saludo solo se usa al iniciar una conversación telefónica.

★ 저 앤이에요. "Soy Ann."
Cuando uno se identificar por teléfono, se puede omitir la partícula 은/는.

A   여보세요.   ¿Diga?
B   폴 씨, 저(는) 유진이에요.   Paul, soy Yujin.

● 의자 [의자], 편의점 [펴니점], 친구의 책 [친구에 책]

La pronunciación de 의 varía dependiendo de su ubicación.

1. Cuando 의 es la primera sílaba de una palabra, se pronuncia tal y como se escribe [의].

   의사 [의사]

2. Cuando 의 es la segunda sílaba de una palabra, se pronuncia como [이].

   수의사 [수이사]

3. La partícula posesiva 의 se pronuncia como [에].

   선생님의 가방 [선생니메 가방]

Vocaburario adicional

Pista 148

1	문	puerta	5	휴지통	papelera, basurero	9	남자 화장실	aseo de caballeros
2	창문	ventana	6	복도	pasillo	10	여자 화장실	aseo de señoras
3	정수기	dispensador de agua	7	엘리베이터	ascensor, elevador	11	비상구	salida de emergencia
4	자판기	máquina expendedora	8	계단	escaleras	12	소화기	extintor

Pista 149

Frases útiles para extranjeros

A Hable más despacio, por favor.

A Hable más alto, por favor.

A Repítamelo, por favor.

A Dímelo en inglés, por favor.

Gramática

▶ Complete las frases con los verbos entre paréntesis y relaciónelas entre sí. (1~3)

Ej. 전화번호를 몰라요. •

1 잘 못 들었어요. •

2 오늘 돈이 없어요. •

3 5분 후에 갈 거예요. •

• ⓐ 잠깐 _____. (기다리다)

• ⓑ 돈을 _____. (빌리다)

• ⓒ 전화번호를 <u>가르쳐 주세요</u>. (가르치다)

• ⓓ 다시 한번 _____. (얘기하다)

▶ Mire los dibujos y rellene los huecos de los diálogos. (4~5)

4 A 요즘 태권도를 배워요.

B 네? _____?

5 A 다음 주에 시험이 있어요.

B 네? _____?

▶ Complete los huecos de los diálogos usando 못. (6~9)

6 A 여행 얘기 들었어요?

B 아니요, _____.

7 A 마크 씨 봤어요?

B 아니요, _____.

8 A 뉴스 들었어요?

B 아니요, _____.

9 A 새 영화 봤어요?

B 아니요, _____.

▶ Escuche el audio y elija la opción correcta para completar las frases. (10~12)

Pista 150

10 너무 빨리 말해요. 그래서 잘 못 들었어요. _____.

ⓐ   ⓑ   ⓒ   ⓓ

11 테니스를 잘 쳐요? 저는 잘 못 쳐요. _____.

ⓐ   ⓑ   ⓒ   ⓓ

12 전화번호를 알아요. 하지만 지금 전화할 수 없어요. _____.

ⓐ   ⓑ   ⓒ   ⓓ

▶ Lea el texto e indique el orden correcto de las siguientes frases.

‹ Group   🔍 ⋮

리에
진수 씨, 오늘 저녁에 마크 씨 생일 파티에 못 가요.

진수
왜요?

리에
ⓐ 그런데 제가 마크 씨 전화번호를 몰라요.
ⓑ 왜냐하면 시간이 없어요.
ⓒ 그러니까 파티에서 마크 씨한테 얘기해 주세요.
ⓓ 그래서 마크 씨한테 전화 못 했어요.

진수
알겠어요. 마크 씨한테 얘기할게요.

➕   Send

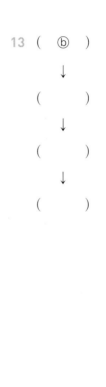

13 (ⓑ)

↓

( )

↓

( )

↓

( )

Respuestas en pág. 280

Apuntes culturales

Q ¿Cómo dirigirse a un desconocido?

Es probable que le haya surgido la duda de cómo dirigirse en coreano a alguien que no conoce, puesto que los coreanos rara vez usan el equivalente a "tú" o "usted".

¿Deberíamos fijarnos en la edad de la persona y usar 할머니 o 할아버지 para gente de edad avanzada, 아줌마 o 아저씨 para gente de mediana edad y 학생 para la gente joven? La respuesta es un no rotundo.

Si necesitamos dirigirnos a un desconocido en un espacio público como la calle o el metro, es mejor hacerlo de manera indirecta. Es recomendable comenzar con 저 o 저기요 para captar la atención de la persona con la que queremos hablar.

En caso de encontrarnos en un restaurante, por el contrario, diríamos "여기요", así como si quisiéramos tomar un taxi. En estos casos, es perfectamente aceptable hablar alto para asegurarnos de que el camarero o el taxista nos oiga.

En cualquier otro caso, cuando queramos dirigirnos a un desconocido, es recomendable que digamos "저기요" y evitar así los posibles problemas que se pueden producir al llamar a alguien de una u otra manera.

Capítulo 18

저도 한국어를 배우고 싶어요.

- -고 싶다 "querer + (infinitivo)"
- Preguntas negativas -지 않아요?
- Las experiencias e intentos con -아/어 보다
  "probar, intentar + (infinitivo)"

제주도에 가고 **싶어요**.
Quiero ir a la isla de Jeju.

그런데 거기 날씨가 덥**지 않아요?**
¿Pero no hace calor allá?

● -고 싶다 "querer + (infinitivo)"

Esta estructura se utiliza para expresar el deseo de realizar una acción. Tan solo hay que poner -고 싶다 tras la raíz verbal de la acción que queramos realizar.

A 어디에서 저녁 먹고 싶어요?   ¿Dónde quieres cenar?

B 한국 식당에서 먹고 싶어요.   Quiero cenar en un restaurante coreano.

Para usar esta expresión en otros tiempo, solo hay que conjugar 싶다.

pasado 어제 친구를 만나고 싶었어요. 그런데 못 만났어요.

Ayer quería encontrarme con un amigo, pero no pude.

futuro 다시 보고 싶을 거예요.   Te extrañaré.

● Preguntas negativas -지 않아요?

Las oraciones negativas se pueden hacer de dos maneras en coreano. La primera, consistente en colocar 안 justo antes del verbo, ya la vimos en la unidad 13. La segunda es se construye añadiendo la estructura gramatical -지 않다 a la raíz del verbo. No hay diferencia alguna en el significado entre una y otra forma, pero es más frecuente el uso de 안 en el registro hablado, mientras que -지 않다 se emplea con más frecuencia en el registro escrito.

Además, el empleo de -지 않다 es una manera cortés de asegurarnos de que el ofrecimiento de alguien es sincero. Por ejemplo, si alguien se ofreciera a acompañarnos hasta el metro, seguramente le preguntaremos "¿No estás ocupado?" o "¿No hace mucho frío?" para indicar que somos conscientes de las molestias que se toma con nosotros. Esta estructura tiene un valor parecido al de dichas preguntas en español.

Tras raíces verbales terminadas en vocal	Tras raíces verbales terminadas en consonante
바쁘지 않아요?	춥지 않아요?
¿No estás ocupado?	¿No hace frío?

혹시 경주에 **가 봤어요?**
¿Has ido alguna vez a Gyeongju?

네, 폴 씨도 한번 **가 보세요.**
Sí. Paul, tú también deberías ir.

● **Las experiencias e intentos con -아/어 보다** "probar, intentar + (infinitivo)"

La estructura -아/어 보다 se emplea para indicar que algo se hace o se intenta hacer por primera vez. Y se usa solo con verbos. Cuando la raíz verbal termina en 하, se emplea la forma 해 보다; cuando termina en '丨' o en 'ㅗ', se emplea la forma -아 보다; y en el resto de los casos se usa la forma -어 보다. A continuación veremos unos ejemplos de esta estructura en tres formas verbales diferentes.

1. **-아/어 봤다** haber (hecho algo)

> 먹다   먹 + -어 봤다   →   먹어 봤다 haber probado (algo)

A 경주에 가 봤어요?   ¿Has ido alguna vez a Gyeongju?

B 네, 한번 가 봤어요.   Sí, he ido una vez.

  아니요, 아직 못 가 봤어요.   No, todavía no he ido.

2. **-아/어 보세요** Intente (hacer algo) / Pruebe (algo)

> 먹다   먹 + -어 보세요   →   먹어 보세요 Intenta probarlo.

A 경주에 아직 못 가 봤어요.   Todavía no he podido ir a Gyeongju.

B 경주가 정말 좋아요. 꼭 가 보세요. Gyeongju está realmente bien. Deberías ir sin falta.

3. **-아/어 볼게요** Intentaré (hacer algo) / Probaré (algo)

> 먹다   먹 + -어 볼게요   →   먹어 볼게요 Lo probaré.

A 한국 치킨이 맛있어요. 한번 먹어 보세요.
  El pollo frito coreano está delicioso. Pruébalo (al menos una vez).

B 네, 먹어 볼게요.   De acuerdo, lo probaré.

La estructura -아/어 보다 no se puede utilizar con el verbo 보다 (ver), por lo que se usa el verbo sin más: 봤어요 (Lo he visto), 보세요 (Intenta verlo), 볼게요 (Lo veré).
(Ej. 한국 영화 봐 봤어요.(X) → 한국 영화 봤어요.(O))

Pista 151

James ¿Cómo te va últimamente?

Jane Todo bien. Estos días estoy aprendiendo coreano.

James ¿De verdad? Yo también quiero aprender coreano, pero ¿no es muy difícil el coreano?

Jane No es difícil. Es interesante. James, tú también deberías empezar a aprenderlo.

James Sí, lo intentaré.

제임스 요즘 어떻게 지내요?

제인 잘 지내요. 요즘 한국어를 배워요.

제임스 그래요? 저도 한국어를 배우고 싶어요. 그런데 한국어가 어렵지 않아요?

제인 안 어려워요. 재미있어요. 제임스 씨도 한번 시작해 보세요.

제임스 네, 한번 해 볼게요.

Nuevo vocabulario

지내다 pasar (tiempo)
어렵다 (ser) difícil
시작하다 empezar

Nuevas expresiones

요즘 어떻게 지내요?
¿Cómo te va estos días?

잘 지내요. Me va bien.

어렵지 않아요? ¿No es difícil?

한번 시작해 보세요.
Deberías empezar a hacerlo.

한번 해 볼게요. Lo intentaré.

Aclaraciones

★ 요즘에 어떻게 지내요? "¿Cómo te va últimamente?"
En coreano es muy habitual comenzar una conversación con alguien al que hace bastante tiempo que no vemos con "요즘에 어떻게 지내요?". La manera más habitual de responder es "잘 지내요".

★ El uso de 한번 como forma de persuasión
Literalmente, 한번 significa "una vez" y se coloca justo antes del verbo en forma imperativa cuando le pedimos a alguien que haga algo. También se acostumbra a utilizar con cierta frecuencia con el valor de "darle una oportunidad a algo".

Yujin	¿Qué estás haciendo ahora?
Mark	Quiero irme de viaje a las montañas o al mar, así que estoy buscando un buen destino.
Yujin	Mark, ¿has ido por algún casual a la isla de Jeju?
Mark	No, todavía no he ido.
Yujin	Entonces, debería ir a la isla de Jeju. (lit. Intenta ir a la isla de Jeju.) Los paisajes son fantásticos.
Mark	De acuerdo. Iré a la isla de Jeju. Por cierto, ¿qué platos típicos (lit. famosos) hay en Jeju?
Yujin	Son muy típicos (lit. famosos) los platos de marisco.
Mark	¿De verdad? Muchas gracias.

유진	지금 뭐 해요?
마크	산이나 바다에 여행 가고 싶어요. 그래서 여행지를 찾아요.
유진	마크 씨, 혹시 제주도에 가 봤어요?
마크	아니요, 아직 못 가 봤어요.
유진	그럼, 제주도에 가 보세요. 경치가 정말 좋아요.
마크	네, 제주도에 가 볼게요. 그런데 제주도는 무슨 음식이 유명해요?
유진	해산물 요리가 유명해요.
마크	그래요? 정말 고마워요.

Nuevo vocabulario

산 montaña

(이)나 o (entre sustantivos)

바다 mar

여행 가다 ir de viaje

여행지 destino (de viaje)

찾다 buscar, encontrar

아직 todavía

그런데 por cierto, pero

유명하다 ser famoso, ser típico

해산물 marisco

Nuevas expresiones

지금 뭐 해요?
¿Qué estás haciendo ahora?

혹시 제주도에 가 봤어요?
¿Has ido por algún casual a la isla de Jeju?

아직 못 가 봤어요.
Todavía no he ido.

경치가 정말 좋아요.
Los paisajes son fantásticos.

무슨 음식이 유명해요?
¿Qué plato es típico?

Aclaraciones

★ **La partícula (이)나**
La partícula (이)나 se escribe entre dos sustantivos y se utiliza para indicar diferentes alternativas. Si el sustantivo acaba en vocal, se emplea la forma 나 y, si acaba en consonante, se emplea la forma 이나.

커피나 차를 마셔요.	Bebo café o té.
밥이나 빵을 먹어요.	Como arroz o pan.

★ **그런데 "por cierto, pero"**
Se usa cuando se cambia el tema de la conversación.

● 고기 [고기] vs. 거기 [거기]

Es habitual que los extranjeros tengan dificultades para distinguir entre la pronunciación de '고' y '거'. La vocal '고' se pronuncia prácticamente como la 'o' española. Sin embargo, en español no existe ninguna vocal equivalente a '거', la cual se pronuncia abriendo más boca y emitiendo un sonido parecido a la 'a' de la palabra inglesa "awake".

(1) 도 (también) vs. 더 (más)

(2) 소리 (sonido) vs. 서리 (escarcha)

(3) 놓아요 (poner) vs. 넣어요 (meter)

Vocaburario adicional

Pista 154

① ② ③

④ ⑤ ⑥

⑦ ⑧ ⑨

1	바쁘다	estar ocupado
2	심심하다	estar aburrido
3	시원하다	ser refrescante
4	건강하다	ser / estar sano
5	멋있다	ser guapo / elegante
6	예쁘다	ser bonito
7	맛있다	estar rico / sabroso
8	맵다	ser / estar picante
9	짜다	ser / estar salado

힘들다	ser duro (referido a una situación)
괜찮다	estar bien, no tener problemas
복잡하다	ser complicado
간단하다	ser sencillo
아름답다	ser hermoso
편리하다	ser conveniente
불편하다	ser inconveniente / molesto
달다	ser / estar dulce
친절하다	ser amable

Responder a los cumplidos

A Hablas coreano muy bien.
B No, no tan bien.

A ¡Qué bien cantas!
B No se me da mal.

Dar ánimos

A ¡Ánimo!
B Gracias.

A No te preocupes. Todo saldrá bien.
B Gracias.

Gramática

▶ Complete las frases usando -고 싶다. (1~3)

1 너무 피곤해요. 좀 _____.
                      쉬다

2 점심을 못 먹었어요. 배고파요. 밥을 _____.
                                   먹다

3 한국 친구가 있어요. 그 친구하고 한국어로 _____.
                                       얘기하다

▶ Mire los dibujos y rellene los huecos de los diálogos como en el ejemplo. (4~5)

Ej. A 한국에서 <u>운전해 봤어요</u>? (운전하다)

      B 아니요.

      A 재미있어요. 한번 <u>해 보세요</u>.

      B 네, 해 볼게요.

4 A 여름에 삼계탕을 (1) _____?
                     먹다

    B 아니요.

    A 맛있어요. 한번 (2) _____.

    B 네, 먹어 볼게요.

5 A 한복을 (1) _____?
                 입다

    B 아니요.

    A 멋있어요. 한번 (2) _____.

    B 네, 입어 볼게요.

Comprensión auditiva

▶ Escuche las preguntas del audio y elija la respuesta correcta. (6~7)

Pista 156

6 ⓐ 네, 김치가 있어요.

ⓑ 아니요, 안 매워요.

ⓒ 네, 김치가 없어요.

ⓓ 아니요, 김치를 만들 수 없어요.

7 ⓐ 네, 시작해 볼게요.

ⓑ 네, 공부하고 싶어요.

ⓒ 아니요, 아직 안 배웠어요.

ⓓ 아니요, 한번 배워 보세요.

Comprensión lectora

▶ Lea el texto y elija la respuesta correcta a cada pregunta. (8~9)

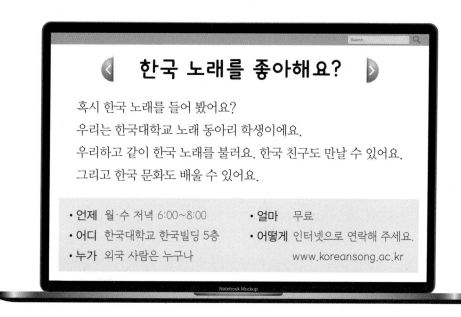

8 왜 광고(anuncio)를 했어요?

ⓐ 인터넷을 배우고 싶어요.

ⓑ 한국 노래를 듣고 싶어요.

ⓒ 한국 문화를 배우고 싶어요.

ⓓ 노래 동아리를 소개하고 싶어요.

9 뭐가 맞아요?

ⓐ 돈이 필요해요.

ⓑ 일주일에 두 번 만나요.

ⓒ 전화로 연락할 수 있어요.

ⓓ 외국 사람은 올 수 없어요.

Respuestas en pág. 280

Q La cultura del cariño

Hay conceptos que están profundamente enraizados en una determinada cultura y que resultan extremadamente difíciles de traducir. En Estados Unidos, por ejemplo, su devenir histórico ha conferido a palabras como "libertad" e "igualdad" una importancia y un valor que trascienden su mero significado literal. En coreano, el concepto que probablemente más les cueste entender a los extranjeros es el de 정, que se puede traducir por "cariño", "afecto", "emoción" o "amor", entre otros, sin que ninguna de estas traducciones abarque toda la complejidad semántica de este término.

El concepto de 정 es parte esencial de la manera en la que los coreanos se expresan entre sí y ven sus relaciones interpersonales. Se considera que las personas amables y compasivas tienen mucho 정, al igual que se alaba a la gente del campo que ofrece comida y alojamiento a desconocidos por su tener impulsada por su 정.

Hay ciertas maneras de mostrar 정 en la vida cotidiana. Por ejemplo, a la hora de servir la comida, un coreano nunca pondrá menos de dos cucharadas en cada cuenco, ya que menos cantidad implicaría falta de 정. Este gesto muestra la generosidad y el deseo por parte del anfitrión de agasajar al comensal sin importar si la cantidad es mayor de la que este vaya a comer.

Sin duda alguna, la mejor manera de entender la forma de pensar de los coreanos es conociendo a algunos de ellos e interactuando con ellos. Seguramente usted les escuchará hablar a menudo de 정 y le alabarán su 정 cuando muestre cualquier tipo de cortesía hacia ellos.

Capítulo 19

그 다음에 오른쪽으로 가세요.

- Terminación para formar el imperativo de cortesía -(으)세요
- Preguntas breves
- Terminación verbal formal -(스)ㅂ니다

저기에서 오른쪽으로 가세요.
Gire a la derecha allá.

네. 그다음은요?
Bien. ¿Y después?

● **Terminación para formar el imperativo de cortesía -(으)세요** *Anexo pág. 266*

Esta forma verbal se usa para dar órdenes con cortesía. Se forma añadiendo -(으)세요 a la raíz verbal. En el caso de las órdenes negativas, se debe añadir a la raíz verbal -지 마세요.

	Tras raíces verbales terminadas en vocal	**Tras raíces verbales terminadas en consonante**
Forma afirmativa	하세요. Haga.	읽으세요. Lea.
Forma negativa	하지 마세요. No haga.	읽지 마세요. No lea.

하루에 1시간 운동하세요.

Haga ejercicio una hora al día.

약속을 잊어버리지 마세요.

No olvide la cita.

? Curiosidades

- **Verbos irregulares**

  듣다 → 들으세요.   만들다 → 만드세요.
  Escuche.   Haga.

  듣지 마세요.   만들지 마세요.
  No escuche.   No haga.

● **Preguntas breves**

Para evitar repetir lo que ya se ha dicho a lo largo de una conversación, basta con añadir 요 tras aquello de lo que se quiera hablar.

A 사거리에서 어디로 가요?   ¿Por dónde giramos en el cruce?

B 왼쪽으로 가세요.   Gire a la izquierda.

A 그다음은요?   ¿Y después?
   (= 그다음은 어디로 가요?)

광화문에 가 주세요.
Lléveme a Gwanghwamun.

네, 알겠습니다.
Bien, de acuerdo.

Terminación verbal formal -(스)ㅂ니다

En situaciones formales, tales como reuniones de trabajo o actos públicos, en lugar de la conjugación -아/어요, se suele usar -(스)ㅂ니다, pues resulta más formal. En el caso de acabar el verbo o el adjetivo en vocal, se le añade a la raíz la forma -ㅂ니다, mientras que en el caso de acabar en consonante se le añade la forma -(스)ㅂ니다. En cambio, si se trata de oraciones interrogativas, se añade -(스)ㅂ니까.

	Tras raíces verbales terminadas en vocal	Tras raíces verbales terminadas en consonante
Oración enunciativa	합니다	듣습니다
Oración interrogativa	합니까?	듣습니까?

A   어디에서 회의를 합니까?   ¿Dónde tenemos la reunión?

B   2층 회의실에서 합니다.   La tenemos en la sala de reuniones de la segunda planta.

A   오늘 날씨가 어떻습니까?   ¿Qué tiempo hace hoy?

B   날씨가 정말 좋습니다.   Hoy hace muy buen tiempo.

Los equivalentes formales a -예요/이에요 y 아니에요 son las siguientes:

-예요/이에요 → -입니다

아니에요 → 아닙니다

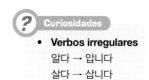

? Curiosidades

- **Verbos irregulares**
  알다 → 압니다
  살다 → 삽니다

A   고향이 밴쿠버입니까?   ¿Es Vancouver tu ciudad natal?

B   아닙니다. 토론토입니다.   No, no lo es. Yo soy de Toronto.

Pista **157**

Jane	Lléveme a Gwanghwamun, por favor.
Taxista	¿A qué parte de Gwanghwamun?
Jane	Diríjase delante de la oficina de correos de Gwanghwamun, por favor.
Taxista	Bien, de acuerdo.
	(Después de unos minutos de trayecto)
Jane	Señor, pare delante de aquella tienda.
Taxista	Bien, de acuerdo.
	(Tras detenerse el taxi)
Jane	¿Cuánto es?
Taxista	Son siete mil quinientos wones.

제인 　광화문에 가 주세요.

택시 기사 　광화문 어디요?

제인 　광화문 우체국 앞에 가 주세요.

택시 기사 　네, 알겠습니다.

(Después de unos minutos de trayecto)

제인 　아저씨, 저기 편의점 앞에서 세워 주세요.

택시 기사 　네, 알겠습니다.

(Tras detenerse el taxi)

제인 　얼마예요?

택시 기사 　7,500원이에요.

Nuevo vocabulario

광화문 Gwanghwamun (área de Seúl)

우체국 oficina de correos

아저씨 señor (referido a hombres de más de 30 años)

편의점 tienda de conveniencia (abre las 24 horas del día)

세우다 parar, detenerse

Nuevas expresiones

광화문에 가 주세요.
Lléveme a Gwanghwamun.

광화문 어디요?
¿A qué parte de Gwanghwamun?

세워 주세요.
Pare, por favor.

Aclaraciones

★ 어디요? "¿A qué parte? / ¿En qué parte?"
De esta manera se puede pedir a alguien que sea más concreto al indicar una ubicación o un destino.

광화문 <u>어디요</u>? 　　　¿A qué parte de Gwanghwamun?
(= 어디에 가요?) 　　　(= ¿Adónde vas?)

★ 저기 편의점 앞에서 "Delante de aquella tienda de conveniencia"
　① 　② 　③ 　　③ 　① 　　　②

Después de "aquí", "ahí" o "allí" podemos indicar el lugar al que nos dirigimos.

저기 학교 앞에서 　　　Delante de aquella escuela

Pista **158**

Mark	A Myeongdong, por favor.
Taxista	Bien, de acuerdo.
	(Después de unos minutos de trayecto)
Mark	Siga recto hasta el semáforo. Después gire a la derecha.
Taxista	Bien. ¿Y después?
Mark	Pare aquí.
Taxista	Bien, de acuerdo.
Mark	Aquí tiene el dinero. Muchas gracias.
Taxista	Gracias a usted. Adiós.

마크   명동에 가 주세요.

택시 기사   네, 알겠습니다.

(Después de unos minutos de trayecto)

마크   저기 신호등까지 직진하세요.
그다음에 오른쪽으로 가세요.

택시 기사   네. 그다음은요?

마크   여기에서 세워 주세요.

택시 기사   네, 알겠습니다.

마크   돈 여기요. 수고하세요.

택시 기사   감사합니다. 안녕히 가세요.

Nuevo vocabulario

명동 Myeongdong (área de Seúl)

신호등 semáforo

까지 hasta

직진하다 ir recto, seguir recto

오른쪽 derecha

(으)로 a, en dirección a

돈 dinero

수고하다 esforzarse, darlo todo

Nuevas expresiones

저기 신호등까지 직진하세요.
Siga recto hasta aquel semáforo.

오른쪽으로 가세요.
Gire a la derecha.

그다음은요? ¿Y luego?

돈 여기요. Aquí tiene el dinero.

수고하세요. Gracias.

Esta forma de agradecimiento, que significa "Buen trabajo", la emplean los clientes cuando reciben un buen servicio por parte de, por ejemplo, un taxista, un camarero, etc.

Aclaraciones

★ **Dar direcciones**

Para indicarle a un conductor si deseamos ir a la derecha o a la izquierda de un determinado lugar, solo es necesario indicar el nombre del lugar al que queremos que cambie de rumbo 오른쪽 "derecha" o 왼쪽 "izquierda" seguidos de la partícula 으로. Aquí, la partícula 으로 tiene el sentido de "en dirección a".

사거리에서 오른쪽으로 가세요.   Gire a la derecha en el cruce.
편의점에서 왼쪽으로 가세요.   Gire a la izquierda en la tienda.

Pista 159

● 갔어요 [가써요] vs. 가세요 [가세요]

Los siguientes pares de palabras se pronuncian de manera parecida, pero son dos formas diferentes de una misma palabra. Las palabras de la izquierda son verbos en tiempo pasado, mientras que las de la derecha son sus correspondientes formas en imperativo. Resulta obvio que cada forma tiene significados muy diferentes, por lo que hay que tratar de pronunciar cada forma de la manera más clara posible. Una vez entendidas las diferencias de pronunciación entre estas formas, intente hacer uso de ambas cuando entable una conversación en coreano.

(1) 샀어요 (He comprado) vs. 사세요 (Compre)

(2) 탔어요 (Me he montado) vs. 타세요 (Monte)

(3) 배웠어요 (He aprendido) vs. 배우세요 (Aprenda)

Vocaburario adicional

Pista 160

1	타다	montar en, tomar (un vehículo)
2	내리다	bajar(se)
3	지나다	pasar
4	건너다	cruzar
5	사거리	cruce
6	횡단보도	paso de peatones
7	신호등	semáforo
8	모퉁이	esquina
9	버스 정류장	parada de autobús
10	지하철역	estación de metro
11	육교	paso elevado, pasarela para peatones
12	다리	puente

Frases con las que dar direcciones

A   Gire a la derecha en el semáforo, por favor.

A   Gire a la izquierda en el banco, por favor.

A   Siga recto hasta el semáforo, por favor.

A   Por favor, pare delante de la farmacia.

Autoevaluación

Gramática

▶ Complete las frases usando -(으)세요 o -지 마세요, como en los ejemplos. (1~2)

1

○ 매일 1시간 __운동하세요__ .
　　　　　　　　　운동하다

○ 많이 (1)_____ .
　　　　걷다

○ 채소를 많이 (2)_____ .
　　　　　　　　　먹다

2

✗ 너무 많이 __일하지 마세요__ .
　　　　　　　　　일하다

✗ 술을 많이 (1)_____ .
　　　　　　　마시다

✗ 담배를 (2)_____ .
　　　　　피우다

▶ Complete el texto usando las formas -(스)ㅂ니다 como en el ejemplo.

3

저는 늦게 일어나요.

아침에 시간이 없어요.

그래서 아침을 안 먹어요.

하지만 커피를 마셔요.

그리고 핸드폰으로 뉴스를 봐요.

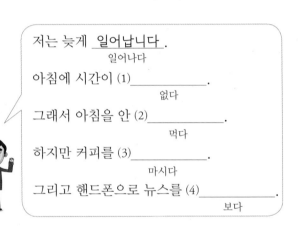

저는 늦게 __일어납니다__ .
　　　　　일어나다

아침에 시간이 (1)_____ .
　　　　　　　없다

그래서 아침을 안 (2)_____ .
　　　　　　　　먹다

하지만 커피를 (3)_____ .
　　　　　　마시다

그리고 핸드폰으로 뉴스를 (4)_____ .
　　　　　　　　　　보다

▶ Complete los diálogos eligiendo las opciones correctas. (4~5)

4　A　어디로 가요?

　　B　저기 은행에서 오른쪽으로 가세요.

　　A　(ⓐ 그다음은요? / ⓑ 어디로 가요?))

　　B　왼쪽으로 가세요.

5　A　마크 씨, 몇 시에 집에 가요?

　　B　보통 7시에 집에 가요. (ⓐ 몇 시요? / ⓑ 제인 씨는요?)

　　A　저는 3시에 집에 가요.

Comprensión auditiva

▶ Escuche el audio y elija la opción correcta a las preguntas. (6~7)

Pista **162**

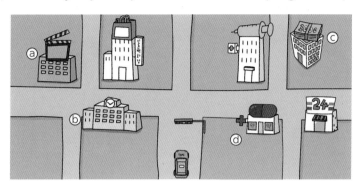

6 여자가 어디에서 내려요?

7 뭐가 맞아요?

ⓐ 여자가 길을 몰라요.   ⓑ 택시비가 7,400원이에요.

ⓒ 여자가 택시를 탈 거예요.   ⓓ 여자가 버스로 명동에 가요.

Comprensión lectora

▶ Lea el siguiente texto y conteste a las preguntas. (8~9)

> 제인은 운동을 정말 좋아합니다. 특히 스키와 수영을 좋아합니다.
> (   ) 제인은 겨울마다 스키 타러 산에 갑니다. 그리고 여름에는 수영하러 바다에 갑니다.
> 봄과 가을에는 날씨가 좋습니다. 그래서 공원에서 책을 읽습니다.

8 (   )에 알맞은 답을 고르세요.

ⓐ 그리고   ⓑ 그런데   ⓒ 그래서   ⓓ 왜냐하면

9 뭐가 맞아요?

ⓐ 제인은 스키를 탈 수 있습니다.   ⓑ 제인은 수영을 할 수 없습니다.

ⓒ 제인은 수영하러 수영장에 갑니다.   ⓓ 여름하고 겨울에 공원에서 책을 읽습니다.

Respuestas en pág. 281

Q ¿Cuándo se debe usar el lenguaje formal?

Una de las cosas más complicadas con las que se encuentra uno al aprender coreano es adivinar el nivel de formalidad que es adecuado en cada situación. Dado que la
sociedad coreana se basa en las relaciones jerárquicas de sus integrantes, resulta crucial
conocer los diferentes registros de habla para poder comunicarse de manera apropiada.

¿Cuándo se ha de hacer uso del lenguaje formal? En caso de tener que dar un discurso o hablar en público ante una audiencia, o dar las noticias frente a una cámara, se
ha de emplear la forma -(스)ㅂ니다 sin ninguna duda. El registro formal puede resultar
formulario e impersonal, pero es apropiado para este tipo de ocasiones.

Por su parte, la forma -아/어요 se emplea para crear una atmósfera más relajada. Por
ello, su uso es habitual con gente que vemos todos los días y con personas de las que
pensamos que tenemos una relación informal (por ejemplo, nuestros vecinos o los due-
ños de las tiendas que más frecuentamos). Su uso permite alcanzar una mayor cercanía
con los interlocutores, por lo que implica una cierta confianza con ellos.

Los trabajadores del sector servicios, como los empleados de los centros comercia-
les o de los aeropuertos, suelen emplear el registro formal -(스)ㅂ니다, aunque en ciertas
ocasiones, en las que crean que un trato más cercano pudiera resultar más apropiado,
puede que usen el registro -아/어요.

Al igual que elegimos una u otra prenda según cada ocasión, también el registro de
habla debe adecuarse a la situación comunicativa. Por ello, antes de dirigirnos a alguien
en coreano, deberemos pensar primero si hacerlo usando -(스)ㅂ니다 o -아/어요.

Capítulo 20

성함이 어떻게 되세요?

- Lenguaje honorífico dirigido al sujeto de la frase
- Lenguaje honorífico dirigido al interlocutor

몇 분이세요?
¿Cuántos son?

4명이요.
Somos cuatro.

RESTAURANTE

● Lenguaje honorífico dirigido al sujeto de la frase

Anexo pág. 266

Es habitual que los estudiantes de coreano tengan problemas para distinguir entre el lenguaje formal y el lenguaje honorífico. Para distinguir entre ambos, hay que tener en cuenta que el lenguaje formal viene determinado por la situación, mientras que el uso del lenguaje honorífico lo determina el sujeto.

El lenguaje honorífico es perfectamente compatible con el lenguaje informal.

El lenguaje honorífico se suele usar para referirse a alguien que es mayor que uno mismo, por ejemplo, los abuelos o los padres de uno. En el lenguaje honorífico, la partícula de sujeto 이/가 se sustituye normalmente por 께서. Los verbos se conjugan con la forma -(으)세요 en presente, con la forma -(으)셨어요 en pasado y con la forma -(으)실 거예요 en futuro.

	tras raíces verbales terminadas en vocal	tras raíces verbales terminadas en consonante
tiempo presente	하세요.	읽으세요.
tiempo pasado	하셨어요.	읽으셨어요.
tiempo futuro	하실 거예요.	읽으실 거예요.

1 registro neutro 진수가 운동해요. Jinsu hace ejercicio.

  registro honorífico 할아버지께서 운동하세요. Mi abuelo hace ejercicio.

2 registro neutro 동생이 음악을 들었어요. Mi hermano menor escuchó música.

  registro honorífico 어머니께서 음악을 들으셨어요. Mi madre escuchó música.

3 registro neutro 친구가 이따가 올 거예요. Mi amigo vendrá luego.

  registro honorífico 아버지께서 이따가 오실 거예요. Mi padre vendrá luego.

성함이 어떻게 **되세요?**
¿Cómo se llama?

마크 피터스**입니다.**
Soy Mark Peters.

● Lenguaje honorífico dirigido al interlocutor

Cuando nos dirigimos a alguien mayor, a un desconocido o a una persona a la que se le debe mostrar cierto respeto, debemos hacer uso del lenguaje honorífico. Seguramente se habrá dado cuenta en sus conversaciones con coreanos de que estos suelen utilizar este lenguaje honorífico al hacerle preguntas. Al responder, recuerde que no debe utilizar el lenguaje honorífico para referirse a sí mismo.

1 A 어디에 가세요? ¿Adónde va?

   B 회사에 가요. Voy a la empresa.

2 A 뉴스 보셨어요? ¿Ha visto las noticias?

   B 아니요, 못 봤어요. No, no las he visto.

El lenguaje honorífico es perfectamente compatible con el lenguaje informal.

En el capítulo anterior vimos brevemente la forma verbal -(스)ㅂ니다. En la vida cotidiana, se usa con mayor frecuencia la informal honorífica -(으)세요, pero -(스)ㅂ니다 es la opción más frecuente en situaciones que requieran una cierta formalidad como al dar un discurso, al hablar con un cliente, etc., lo cual tiene sentido puesto que en estas ocasiones normalmente uno tiene que tratar con desconocidos o personas a las que hay mostrarles una cierta deferencia. En el lenguaje honorífico, las frases enunciativas terminan en -(으)ㅂ니다 mientras que las frases interrogativas terminan en -(으)ㅂ니까. El saludo "안녕하세요" se transforma en el más formal "안녕하십니까" en el lenguaje honorífico.

   A 일을 다 끝내셨습니까? ¿Ya ha acabado todo el trabajo?

   B 네, 끝냈습니다. Sí, ya lo he acabado.

Pista **163**

Paul	¿Puedo hacer una reserva para esta tarde a las seis?
Empleada	Sí, es posible. ¿Cuántos vendrán?
Paul	Seremos cuatro personas.
Empleada	¿Cuál es su nombre, por favor?
Paul	Mi nombre es Paul Smith.
Empleada	¿Podría darme su número de contacto, por favor?
Paul	Es el 010-2798-3541.
Empleada	Ya está hecha su reserva.

폴	오늘 저녁 6시에 예약돼요?
직원	네, 됩니다. 몇 분 오실 거예요?
폴	4명요.
직원	성함이 어떻게 되세요?
폴	제 이름은 폴 스미스입니다.
직원	연락처를 가르쳐 주세요.
폴	010-2798-3541이에요.
직원	네, 예약됐습니다.

Nuevo vocabulario

예약 reserva

되다 ser posible

분 sufijo contador honorífico para personas

몇 분 cuántas personas (forma honorífica)

성함 nombre (forma honorífica)

연락처 información de contacto

Nuevas expresiones

예약돼요? ¿Se puede reservar?

네, 됩니다. Sí, se puede.

몇 분 오실 거예요? ¿Cuántos vendrán?

성함이 어떻게 되세요? ¿Cómo se llama, por favor?

연락처를 가르쳐 주세요. Por favor, deme un número de contacto.

예약됐습니다. Ya está hecha su reserva.

Aclaraciones

★ **성함이 어떻게 되세요? "¿Podría darme su nombre?"**
Esta es la manera más cortés de preguntarle a alguien cómo se llama. Los adultos suelen preguntar de esta manera el nombre de su interlocutor, aunque es posible que también lo hagan diciendo "이름이 뭐예요?" si hablan con alguien bastante menor. Escuchará esta manera cortés de preguntar por el nombre en hoteles y en ocasiones en las que la gente no se conozca. Recuerde que el lenguaje formal nunca de emplea para referirse a uno mismo.

★ **Uso del lenguaje honorífico formal al presentarse a otras personas**
Los coreanos suelen usar con mucha más frecuencia -입니다 que -예요/이에요 cuando se presentan dando su nombre completo.

며칠 동안
묵으실 거예요?

3일 동안

HOTEL

Jane	Quiero reservar una habitación para el próximo fin de semana.
Recepcionista	¿Cuántos días se alojará?
Jane	Nos quedaremos tres días, a partir del viernes. ¿Tienen habitaciones dobles?
Recepcionista	Sí, las tenemos. ¿Cuál es su nombre, por favor?
Jane	Jane Brown.
Recepcionista	Vengan el viernes antes de las seis.
Jane	Bien, de acuerdo.

제인　다음 주말에 방을 예약하고 싶어요.

직원　며칠 동안 묵으실 거예요?

제인　금요일부터 3일 동안 묵을 거예요.
　　　2인실 있어요?

직원　네, 있습니다. 성함이 어떻게 되세요?

제인　제인 브라운입니다.

직원　금요일 저녁 6시까지 와 주세요.

제인　네, 알겠습니다.

Nuevo vocabulario

주말 fin de semana

다음 주말에 el próximo fin de semana

방 habitación, cuarto

예약하다 reservar

며칠 동안 cuántos días

묵다 quedarse, alojarse

2인실 habitación doble

까지 antes de (hora)

Nuevas expresiones

며칠 동안 묵으실 거예요?
¿Cuántos días se quedará?

금요일부터 3일 동안 묵을 거예요.
Me quedaré tres días, a partir del viernes.

2인실 있어요?
¿Tienen habitaciones dobles?

6시까지 와 주세요.
Venga(n) antes de las seis.

Aclaraciones

★ 얼마 동안 "¿Cuánto tiempo?" = 며칠 동안 "¿Cuántos días?"
Ambas formas se pueden usar para preguntar por la duración de una estancia, pero el significado de cada una es ligeramente diferente. Se emplea 며칠 동안 para preguntar específicamente por el número de días, mientras que 얼마 동안 se utiliza para preguntar por la duración independientemente de la unidad de tiempo por la que se pregunte (años, meses, días, horas, etc.).

★ **Para una persona**
En los hoteles, una habitación individual se pide diciendo 1(일)인실, y en los restaurantes una ración para una persona es pide 1(일)인분.

★ **La partícula 까지**
La partícula 까지 se utiliza para indicar el límite temporal.
내일 1시까지 오세요. Venga mañana antes de la una.

Pista 165

● 연락처 [열락처]

Cuando la consonante 'ㄴ' va seguida de 'ㄹ' o 'ㄴ', se pronuncia como [ㄹ].

(1) ㄴ → [ㄹ] 관리 [괄리], 신라 [실라]

(2) ㄴ → [ㄹ] 설날 [설랄], 한글날 [한글랄]

Vocaburario adicional

Pista 166

기분이 좋다
estar de buen humor

기분이 나쁘다
estar de mal humor

놀라다
sorprenderse

아프다
estar enfermo

행복하다
estar feliz

슬프다
estar triste

당황하다
sentirse avergonzado

졸리다
tener sueño

화가 나다
enfadarse / enojarse

무섭다
tener miedo

피곤하다
estar cansado

부끄럽다
tener vergüenza

Pista 167

Pagos

A ¿Aceptan tarjetas?
B Lo lamento, señor. No aceptamos tarjetas.

Al preguntar si se puede pagar con tarjeta.

A ¿Cómo lo quiere?
B Para pagarlo en un plazo.

Al pagar con tarjeta de crédito.

※ Cuando se quiera pagar en plazos:
　3개월 할부로 해 주세요.
　"Póngamelo en tres plazos, por favor."

※ Para pedir que se firme el recibo:
　여기에 사인해 주세요. "Firme aquí, por favor."

Pedidos a domicilio

A Señor, ¿tienen servicio a domicilio?
B Sí, repartimos a domicilio.

Para preguntar si reparten a domicilio.

A Una pizza, por favor.
B Sí, de acuerdo.

Al pedir una pizza por teléfono.

Gramática

▶ Complete el texto usando las formas honoríficas como en el ejemplo.

1

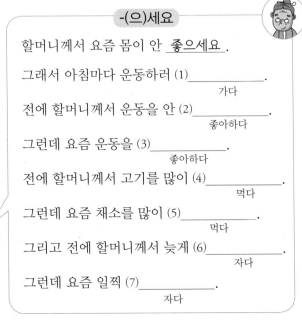

-아/어요

친구가 요즘 몸이 안 좋아요.

그래서 아침마다 운동하러 가요.

전에 친구가 운동을 안 좋아했어요.

그런데 요즘 운동을 좋아해요.

전에 친구가 고기를 많이 먹었어요.

그런데 요즘 채소를 많이 먹어요.

그리고 전에 친구가 늦게 잤어요.

그런데 요즘 일찍 자요.

-(으)세요

할머니께서 요즘 몸이 안 <u>좋으세요</u>.

그래서 아침마다 운동하러 (1)_____.
　　　　　　　　　　　　　가다

전에 할머니께서 운동을 안 (2)_____.
　　　　　　　　　　　　　　좋아하다

그런데 요즘 운동을 (3)_____.
　　　　　　　　　　좋아하다

전에 할머니께서 고기를 많이 (4)_____.
　　　　　　　　　　　　　　먹다

그런데 요즘 채소를 많이 (5)_____.
　　　　　　　　　　　먹다

그리고 전에 할머니께서 늦게 (6)_____.
　　　　　　　　　　　　　자다

그런데 요즘 일찍 (7)_____.
　　　　　　　　자다

▶ Elija la opción más adecuada en cada caso. (2~3)

2　(1) 저는 친구 (ⓐ 이름 / ⓑ 성함)을 몰라요.

　　(2) 저는 선생님 (ⓐ 이름 / ⓑ 성함)을 몰라요.

3　(1) 저는 친구 (ⓐ 나이 / ⓑ 연세)를 알아요.

　　(2) 저는 할아버지 (ⓐ 나이 / ⓑ 연세)를 알아요.

▶ Complete los diálogos usando las formas honoríficas como en el ejemplo. (4~6)

Ej.　A 한국 생활은 <u>재미있으세요</u>?

　　 B 네, 재미있어요.

4　A 한국어를 _____?

　　B 네, 배워요.

5　A 한국어 공부가 _____?

　　B 네, 좀 어려워요.

6　A 어제 무슨 음식을 _____?

　　B 불고기를 먹었어요.

▶ Escuche el audio y elija la respuesta correcta a las preguntas. (7~8)

7 왜 제인이 전화했어요?

ⓐ 식당 길을 알고 싶어요.　　ⓑ 식당을 예약하고 싶어요.

ⓒ 식당 시간을 알고 싶어요.　　ⓓ 식당 전화번호를 알고 싶어요.

8 뭐가 맞아요?

ⓐ 이 식당은 전화 예약이 안 돼요.　　ⓑ 제인은 식당 전화번호를 몰라요.

ⓒ 제인은 8시까지 식당에 갈 거예요.　　ⓓ 제인은 다른 사람 두 명하고 같이 갈 거예요.

Comprensión lectora

▶ Lea el texto y elija la opción correcta a la pregunta.

9 뭐가 맞아요?

ⓐ 호텔이 산 옆에 있습니다.

ⓑ 전화로 예약할 수 없습니다.

ⓒ 전화 예약은 5% 할인됩니다.

ⓓ 인터넷 예약이 15% 할인됩니다.

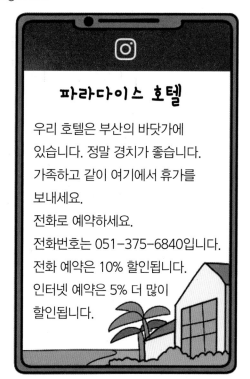

파라다이스 호텔

우리 호텔은 부산의 바닷가에 있습니다. 정말 경치가 좋습니다. 가족하고 같이 여기에서 휴가를 보내세요.
전화로 예약하세요.
전화번호는 051-375-6840입니다.
전화 예약은 10% 할인됩니다.
인터넷 예약은 5% 더 많이 할인됩니다.

Respuestas en pág. 281

Apuntes culturales

미역국
sopa de algas

삼계탕
sopa de pollo con *ginseng*

팥죽
gachas de alubias rojas

Q ¿Sabe qué comen los coreanos en ciertos días especiales?

Al caminar por la calle un bochornoso día de verano, es probable que se encuentre con una fila de coreanos esperando para entrar en un restaurante. Seguramente se trate de un restaurante de 삼계탕 (sopa de pollo con *ginseng*). Puede parecerle extraño a los extranjeros, pero los coreanos creen que tomar sopa caliente durante los días de calor restaura la energía y la vitalidad. Esta idea viene de la medicina tradicional china. El caso es que los coreanos toman 삼계탕 los días de más calor del año.

En los cumpleaños, ya sea con sus amigos en una fiesta o a solas en sus casas, todos los coreanos sin excepción toman 미역국 (sopa de algas). Antiguamente, esta sopa la tomaban las madres después de dar a luz en agradecimiento a la deidad del parto por haber tenido un bebé saludable. Actualmente, esta costumbre se sigue realizando pero ya no por los dioses sino por la madre. Las algas tienen muchos nutrientes que ayudan a las madres a recuperarse del parto, por lo que las puérperas coreanas toman esta sopa varias veces al día durante el primer mes después del parto. Por ello, los coreanos toman esta sopa de algas en sus cumpleaños en recuerdo de sus madres.

En el solsticio de invierno, los coreanos toman 팥죽, gachas de alubias rojas. Antiguamente, la gente pensaba que comer 팥죽 el primer día del año lunar ayudaba a expulsar malos espíritus del cuerpo porque se creía que el color de esta pasta le confería la propiedad de espantar malos espíritus.

No deje de probar alguno de estos platos especiales el día que corresponda.

ANEXO

Capítulo 5 Sufijos contadores pág. 105

	개	명	분	마리	잔	권	장
uno	한 개	한 명	한 분	한 마리	한 잔	한 권	한 장
dos	두 개	두 명	두 분	두 마리	두 잔	두 권	두 장
tres	세 개	세 명	세 분	세 마리	세 잔	세 권	세 장
cuatro	네 개	네 명	네 분	네 마리	네 잔	네 권	네 장
cinco	다섯 개	다섯 명	다섯 분	다섯 마리	다섯 잔	다섯 권	다섯 장
veinte	스무 개	스무 명	스무 분	스무 마리	스무 잔	스무 권	스무 장
veintiuno	스물한 개	스물한 명	스물한 분	스물한 마리	스물한 잔	스물한 권	스물한 장
muchos	여러 개	여러 명	여러 분	여러 마리	여러 잔	여러 권	여러 장

Capítulo 7 Preguntas con pronombres interrogativos y verbo "ser" pág. 124

집이 **어디**예요?	**¿Dónde** está tu casa?
생일이 **언제**예요?	**¿Cuándo** es tu cumpleaños?
이름이 **뭐**예요?	**¿Cuál** es tu nombre?
저분이 **누구**예요?	**¿Quién** es ese?

몇 시…?	qué hora …?
A 회의가 **몇 시**예요?	A **¿A qué hora** es la reunión?
B 1시 20분이에요. (한 시 이십 분이에요.)	B Es a la una y veinte.
몇 번…?	qué número …?
A 전화번호가 **몇 번**이에요?	A **¿Cuál** es tu **número** de teléfono?
B 9326-7435예요. (구삼이육에 칠사삼오예요.)	B Es el 9326-7435.
몇 명…?	cuántas personas …?
A 가족이 **몇 명**이에요?	A **¿Cuántos** son en tu familia?
B 5명이에요. (다섯 명이에요.)	B Somos cinco.

1. 해요	2. -아요	3. -어요
El verbo 하다 siempre se conjuga 해요 en presente. **공부하다 → 공부해요** 일하다 → 일해요 운전하다 → 운전해요 시작하다 → 시작해요 여행하다 → 여행해요 준비하다 → 준비해요 연습하다 → 연습해요 말하다 → 말해요	Si la raíz acaba en la vocal ' ㅏ ' o en 'ㅗ', se le añade la forma -아요 . **받다 → 받아요** (받 + -아요 → 받아요) 살다 → 살아요 놀다 → 놀아요	Si la raíz acaba en las vocales ' ㅓ ', 'ㅜ' o 'I', se le añade la forma -어요. **먹다 → 먹어요** (먹 + -어요 → 먹어요) 읽다 → 읽어요 찍다 → 찍어요
	Si la raíz termina en la vocal ' ㅏ ', solo se añade '요'. **가다 → 가요** (가 + -아요 → 가요) 만나다 → 만나요 끝나다 → 끝나요	Si la raíz termina en la vocal ' ㅐ ', solo se añade '요'. **보내다 → 보내요** (보내 + -어요 → 보내요) 지내다 → 지내요
	Si la raíz verbal termina en la vocal 'ㅗ', se forma el diptongo 'ㅘ'. **오다 → 와요** (오 + -아요 → 와요) 보다 → 봐요	Si la raíz verbal termina en la vocal 'ㅜ', se forma el diptongo 'ㅝ'. **주다 → 줘요** (주 + -어요 → 줘요) 배우다 → 배워요
		Si la raíz verbal termina en la vocal ' I ', se forma el diptongo 'ㅕ'. **마시다 → 마셔요** (마시 + -어요 → 마셔요) 가르치다 → 가르쳐요 기다리다 → 기다려요

그리고 "además"	날씨가 좋아요. **그리고** 사람들이 친절해요. Hace buen tiempo. **Además**, la gente es amable.
그런데, 하지만 "pero"	한국어 공부가 재미있어요. **그런데** 좀 어려워요. Estudiar coreano es divertido. **Pero** es un poco difícil.
그래서 "por eso"	배가 아파요. **그래서** 병원에 가요. Me duele el estómago. **Por eso**, voy al hospital.
그러니까 "así que"	비가 와요. **그러니까** 우산을 가지고 가세요. Está lloviendo, **así que** llévate el paraguas.
그러면 (= 그럼) "entonces"	한국어를 잘하고 싶어요? **그러면** 한국 친구하고 많이 얘기해요. ¿Quieres hablar bien coreano? **Entonces**, charla mucho con tus amigos coreanos.

Verbos en infinitivo	Verbos de respeto en infinitivo	Imperativo -(으)세요	Lenguaje honorífico		
			Presente -(으)세요	Pasado -(으)셨어요	Futuro -(으)실 거예요
먹다, 마시다	드시다	드세요	드세요	드셨어요	드실 거예요
있다	계시다	계세요	계세요	계셨어요	계실 거예요
자다	주무시다	주무세요	주무세요	주무셨어요	주무실 거예요

Los verbos de la tabla de arriba son las formas conjugadas de los equivalentes respetuosos a los verbos de la columna de la izquierda; por ejemplo, 먹다 → 드시다.

	Registro neutro	Registro honorífico
Nombre	이름 이름이 뭐예요?	성함 성함이 어떻게 되세요?
Edad	나이 나이가 몇 살이에요?	연세 연세가 어떻게 되세요?
Casa	집 집이 어디예요?	댁 댁이 어디세요?
Comida	밥 밥 먹었어요?	진지 진지 드셨어요?

En la mayoría de los casos, la única diferencia entre el registro honorífico y el registro cortés informal se encuentra en el verbo. No obstante, en algunos casos, se deben usar algunos sustantivos honoríficos.

▶ ERRORES COMUNES ◀

1 Cómo leer los números   Capítulos 5 y 6

Números autóctonos coreanos	Números sinocoreanos	
Para contar 가방 1개 (한 개) un bolso 친구 2명 (두 명) dos amigos 커피 3잔 (세 잔) tres tazas de café	**Para leer cantidades** Números 1번 (일 번) Números de teléfono 7019-8423 (칠공일구에 팔사이삼) Fechas 2016년 3월 9일 (이천십육 년 삼 월 구 일) Precios 24,500원 (이만 사천오백 원) Direcciones postales 서울 아파트 102동 (백이 동) 603호 (육백삼 호) Pisos de edificios 5층 (오 층)	
Edad 15살 (열다섯 살) quince años		
Horas 5시 (다섯 시)예요. Son las cinco. 2시간 (두 시간) 일했어요. Trabajé dos horas.	**Minutos** 5분 (오 분)이에요. Son cinco minutos.	
Mes 1달 (한 달) 동안 여행했어요. Viajé durante un mes.	**Año, Semana, Día** 1년 (일 년) 동안 살았어요. Viví un año (ahí). 2주일 (이 주일) 동안 준비했어요. Lo preparé durante dos semanas. 3일 (삼 일) 동안 전화 안 했어요. No le he llamado en tres días.	

2 -예요/이에요 contra 있어요   Capítulos 1, 4 y 6

-예요/이에요	있어요
Se usa para atribuirle una identidad o una característica al sujeto. 마크가 폴 친구**예요**. Mark es amigo de Paul. 선생님이 한국 사람**이에요**. El profesor es coreano.	Se usa para indicar la existencia de algo en un lugar o un momento determinado. 제니가 집에 **있어요**. Jenny está en la casa. 학생이 학교에 **있어요**. El estudiante está en la escuela.
이/가 아니에요 Se usa para negar la identidad o alguna característica del sujeto. 제니는 남자가 **아니에요**. Jenny no es un hombre. 폴은 미국 사람이 **아니에요**. Paul no es estadounidense.	**없어요** Se usa para negar la existencia de algo en un lugar y un momento determinado. 제임스가 집에 **없어요**. James no está en la casa.

3 desde ··· hasta ··· Capítulos 8, 9 y 12

Espacio ···에서 ···까지	서울에서 부산까지 버스로 4시간 걸려요. Se tardan cuatro horas **desde** Seúl **hasta** Pusan.
Tiempo ···부터 ···까지	1시부터 3시까지 공부해요. Estudio **desde** la una **hasta** las tres.
Personas ···한테서 ···한테	친구한테서 얘기 들었어요. 하지만 다른 친구한테 말 안 할 거예요. Oí esa historia **de** mi amigo. Pero no se la contaré **a** mis otros amigos.

4 시 contra 시간 Capítulos 8 y 9

Momento concreto 시 hora	2시에 친구를 만나요. Me encontré con mi amigo **a las dos**.
Duración de tiempo 시간 hora(s)	2시간 동안 영화를 봤어요. Vi la película durante **dos horas**.

5 이, 그, 저 Capítulo 3

	이 (este/a/os/as)	그 (ese/a/os/as)	저 (aquel/la/los/las)
Uso	Cuando nos referimos a alguien/algo que está cerca del hablante	1) Cuando nos referimos a alguien/algo que está cerca del oyente. 2) Cuando nos referimos a alguien/algo que está fuera del campo de visión del hablante y del oyente.	Cuando nos referimos a alguien/algo que se puede ver pero está lejos del hablante y del oyente.
Determinante	이 사람 esta persona	그 사람 esa persona	저 사람 aquella persona
이것, 그것, 저것 + partícula de sujeto 이	이게 esto (contracción de 이것이)	그게 eso (contracción de 그것이)	저게 aquello (contracción de 저것이)
이것, 그것, 저것 + partícula de tema 은	이건 esto (contracción de 이것은)	그건 eso (contracción de 그것은)	저건 aquello (contracción de 저것은)
Adverbio	여기 aquí	거기 ahí	저기 allí

▸ VERBOS IRREGULARES ◂

1 Verbos irregulares tipo 'ㄷ' pág. 174

Cuando la raíz de un verbo termina en 'ㄷ', esta se convierte en 'ㄹ' si la desinencia verbal comienza por vocal (como por ejemplo en la forma de presente -아/어요).

듣다 → 듣 + -어요 → 들 + -어요 → 들어요

한국 음악을 자주 들어요. Escucho a menudo música coreana.

2 Verbos irregulares tipo 'ㅂ' pág. 184

Cuando la raíz de un verbo termina en 'ㅂ', la consonante 'ㅂ' se convierte 우 si la desinencia verbal comienza por vocal (como por ejemplo en la forma de presente -아/어요). Cuando 우 va seguida por -어요, ambas vocales se fusionan en la sílaba -워요.

쉽다 → 쉽 + -어요 → 쉬우 + -어요 → 쉬워요

한국어가 쉬워요. El coreano es fácil.

3 Verbos irregulares tipo '으' pág. 184

Cuando la raíz de un verbo termina en 으, dicha vocal desaparece cuando la desinencia verbal comienza por vocal (como por ejemplo en la forma de presente -아/어요).

바쁘다 → 바쁘 + -아요 → 바ㅃ + -아요 → 바빠요

인호가 정말 바빠요. Inho está realmente ocupado.

4 Verbos irregulares tipo 'ㄹ' pág. 245

Cuando la raíz de un verbo termina en 'ㄹ', esta desaparece si la desinencia verbal comienza por 'ㄴ', 'ㅂ' y 'ㅅ'.

살다 → 살 + -ㅂ니다 → 사 + -ㅂ니다 → 삽니다

저는 한국에서 삽니다. Vivo en Corea.

5 Verbos irregulares tipo '르' pág. 184

Cuando la raíz de un verbo termina en 르, antes de -아/어요 la vocal 'ㅡ' desaparece y se añade una segunda 'ㄹ'.

다르다 → 다르 + -아요 → 달ㄹ + -아요 → 달라요

한국어는 영어하고 너무 달라요. El coreano es muy diferente del inglés.

▸ PARTÍCULAS ◂

1 **Partícula de sujeto 이/가**

Tras sustantivos terminados en vocal	Tras sustantivos terminados en consonante
폴 씨가 호주 사람이에요. Paul es australiano.	선생님이 한국 사람이에요. El profesor es coreano.

2 **Partícula de complemento directo 을/를**

Tras sustantivos terminados en vocal	Tras sustantivos terminados en consonante
커피를 좋아해요. Me gusta el café.	물을 마셔요. Bebo agua.

3 **Partícula de tema 은/는**

Tras sustantivos terminados en vocal	Tras sustantivos terminados en consonante
저는 폴이에요. Yo soy Paul.	선생님은 한국 사람이에요. El profesor es coreano.

(1) Para indicar el tópico del enunciado:

저는 마크예요. 그리고 저분은 제 선생님이에요.

Yo soy Mark y aquel es mi profesor.

(2) Para marcar un contraste:

비빔밥은 좋아해요. 그런데 김치는 안 좋아해요.

Me gusta el bibimbap, pero no me gusta el kimchi.

(3) Para hacer énfasis en algo:

A 머리가 아파요.   Me duele la cabeza.

B 약은 먹었어요?   ¿Te has tomado la medicina?

4 **Partícula temporal 에**

Esta partícula se utiliza con todos los sustantivos independientemente de si terminan en consonante o en vocal.

3시에 만나요.   Veámonos a las tres.

6시 30분에 끝나요.   Termina a las seis y media.

5 Partícula de destino 에

Esta partícula se utiliza con los verbos 가다/오다.
학교에 가요. Voy a la escuela.

6 Partícula locativa 에 y 에서

(1) Partícula locativa 에: Empleada con los verbos 있다 / 없다.
집에 있어요. Estoy en casa.

(2) Partícula locativa 에서: Empleada para indicar el lugar en el que se desarrolla una determinada acción.
집에서 일해요. Trabajo en casa.

7 Otras partículas

(1) 한테 a (alguien)
폴이 부모님한테 이메일을 보내요. Paul les envia un correo electrónico a sus padres.

(2) 한테서 de (alguien)
앤이 친구한테서 선물을 받았어요. Anne recibió un regalo de un amigo.

(3) 에서 de / desde (un lugar)
마크가 미국에서 왔어요. Mark ha venido de Estados Unidos.

(4) ⋯에서 ⋯까지 de / desde (espacio) a / hasta (espacio)
집에서 회사까지 시간이 얼마나 걸려요?
¿Cuánto tiempo tardas desde la casa hasta la empresa?

(5) ⋯부터 ⋯까지 de / desde (tiempo) a / hasta (tiempo)
1시부터 2시까지 점심시간이에요. La hora del almuerzo es desde la una hasta las dos.

(6) 까지 hasta
어제 새벽 2시까지 공부했어요. Ayer estudié hasta las dos de la madrugada.

(7) 도 también / tampoco
저도 영화를 좋아해요. A mí también me gustan las películas.

(8) 만 solo / solamente
제 동생은 고기만 먹어요. Mi hermano menor solo come carne.

(9) 마다 cada
일요일마다 친구를 만나요. Veo a mis amigos cada domingo.

(10) (으)로 en / por medio de
매일 학교에 지하철로 가요. Voy todos los días a la escuela en metro.

(11) (으)로 con
사람들은 젓가락으로 국수를 먹어요. La gente come los fideos con palillos.

(12) (으)로 a / hacia
남쪽으로 가세요. Vaya hacia el sur.

1 Personas

▶ 누가 quién

Se usa para preguntar por el sujeto de una frase. Esta es una forma contracta del pronombre interrogativo 누구 con la partícula 가.

누가 사무실에 있어요?   ¿Quién está en la oficina?

누가 운동해요?   ¿Quién hace ejercicio?

▶ 누구

(1) quién: Con el verbo -예요.

이분이 누구예요?   ¿Quién es esta persona?

(2) preposición + quién

- Con la partícula 를.

누구를 좋아해요?   ¿Quién te gusta?

- Con la partícula 하고 (con).

누구하고 식사해요?   ¿Con quién comes?

- Con la partícula 한테 (a).

누구한테 전화해요?   ¿A quién llamas?

- Con la partícula 한테서 (de).

누구한테서 한국어를 배워요?   ¿De quién aprendiste coreano?

(3) de quién: Para preguntar por la posesión.

이 가방이 누구 거예요?   ¿De quién es esta bolsa?

2 Cosas

▶ 뭐 qué/cuál

(1) Con el verbo -예요.

이름이 뭐예요?   ¿Cuál es tu nombre?

(2) Con otros verbos.

오늘 오후에 뭐 해요?   ¿Qué haces esta tarde?

▶ 무슨 qué tipo de

Para pedir que se clasifique algo o a alguien.

무슨 영화를 좋아해요?   ¿Qué tipo de películas te gustan?

▶ 어느 cuál/qué

Para elegir una entre varias opciones.

어느 나라 사람이에요?   ¿De qué país eres?

▶ 어떤 qué tipo de/cuál

(1) Se usa para preguntar por las características de algo / alguien.

어떤 음식을 좋아해요?   ¿Qué tipo de comida te gusta?

(2) Se usa para preguntar por algo entre varias opciones.

이 중에서 어떤 옷을 사고 싶어요?   ¿Cuál quieres comprar entre todas estas prendas?

▶ 몇

(1) cuántos

■ Para preguntar por un número de cosas con 개.

가방이 몇 개 있어요?   ¿Cuántas bolsas tienes?

■ Para preguntar por un número de personas con 명.

사람이 몇 명 있어요?   ¿Cuántas personas hay?

■ Para preguntar por un número de veces con 번.

제주도에 몇 번 가 봤어요?   ¿Cuántas veces has ido a la isla de Jeju?

(2) qué

■ Para preguntar por un número de teléfono.

전화번호가 몇 번이에요?   ¿Cuál es tu número de teléfono?

■ Para preguntar la hora.

몇 시 몇 분이에요?   ¿Qué hora es? (al preguntar la hora exacta)

---

3 El tiempo

▶ 언제 cuándo

(1) Con el verbo -예요.

생일이 언제예요?   ¿Cuándo es tu cumpleaños?

(2) Con otros verbos.

언제 파티에 가요?   ¿Cuándo vas a la fiesta?

▶ 며칠 qué día

(1) Con el verbo -이에요.

오늘이 며칠이에요?   ¿Cuándo es tu cumpleaños?

(2) Con otros verbos (en este caso se usa la partícula 에).

며칠에 가요?   ¿Qué día (del mes) vas?

▶ 몇 시 qué hora

(1) Con el verbo -예요.

지금 몇 시예요?   ¿Qué hora es?

(2) Con otros verbos (en este caso se usa la partícula 에).

몇 시에 운동해요?   ¿A qué hora haces ejercicio?

▶ 무슨 요일 qué día de la semana

(1) Con el verbo -이에요.

오늘이 무슨 요일이에요? ¿Qué día de la semana es hoy?

(2) Con otros verbos (en este caso se usa la partícula 에).

무슨 요일에 영화를 봐요? ¿Qué día de la semana ves películas?

4 Lugares

▶ 어디 dónde

(1) Con el verbo -예요.

집이 어디예요? ¿Dónde está tu casa?

(2) Con los verbos 가다 / 오다, se debe utilizar la partícula 에.

어디에 가요? ¿Adónde vas?

(3) Con los verbos 있다 / 없다, se debe utilizar la partícula 에.

화장실이 어디에 있어요? ¿Dónde está el baño?

(4) Con los demás verbos, se suele utilizar la partícula 에서 para indicar la ubicación.

어디에서 친구를 만나요? ¿Dónde ves a tu amigo?

5 Otros

▶ 얼마 cuánto: Con el verbo -예요.

이게 얼마예요? ¿Cuánto vale esto?

▶ 얼마나 cuánto tiempo: Con el verbo 걸려요.

시간이 얼마나 걸려요? ¿Cuánto (tiempo) se tarda?

▶ 얼마 동안 durante cuánto tiempo: Con otros verbos.

얼마 동안 한국에 살았어요? ¿Durante cuánto tiempo has vivido en Corea?

▶ 어떻게 cómo: Para preguntar cómo se hace algo.

어떻게 집에 가요? ¿Cómo vas a casa?

▶ 왜 por qué: Para preguntar por la causa de algo.

왜 한국어를 공부해요? ¿Por qué estudias coreano?

Hangul 1
p.24

1 X	2 O	3 X	4 ⓑ
5 ⓓ	6 ⓐ	7 ⓒ	8 ⓐ
9 ⓑ	10 ⓑ		

11 나이   12 소

13 가수   14 나무

Hangul 2
p.34

1 ⓑ	2 ⓐ	3 ⓑ	4 ⓐ
5 ⓑ	6 ⓑ	7 ⓑ	8 ⓐ
9 ⓑ	10 ⓐ	11 ⓒ	12 ⓑ
13 ⓓ	14 ⓑ		

15 요리   16 여유

17 다리   18 바지

19 물건   20 한국

Hangul 3
p.44

1 ⓑ	2 ⓐ	3 ⓑ	4 ⓑ
5 ⓐ	6 ⓑ	7 ⓒ	8 ⓒ
9 ⓑ	10 ⓓ	11 ⓑ	12 ⓐ
13 ⓓ			

14 세금   15 계란

16 카메라   17 컴퓨터

18 옆   19 윷

Hangul 4
p.54

1 ⓒ	2 ⓑ	3 ⓐ	4 ⓑ
5 ⓐ	6 ⓓ	7 ⓒ	8 ⓓ
9 ⓑ	10 ⓑ		

11 의지   12 사과

13 오빠   14 딸기

15 벚꽃   16 찜닭

Capítulo 1
p.70

▶ **Gramática**

1 예요	2 예요
3 이에요	4 한국
5 일본 사람이에요	6 저는 미국 사람이에요
7 뭐	8 어느 나라

▶ **Comprensión auditiva**

9   A 이름이 뭐예요?
    B 제임스예요.
    A 어느 나라 사람이에요?
    B 영국 사람이에요.

Pista 046

10   A 이름이 뭐예요?
    B 인호예요.
    A 어느 나라 사람이에요?
    B 한국 사람이에요.

11   A 이름이 뭐예요?
    B 유웨이에요.
    A 어느 나라 사람이에요?
    B 중국 사람이에요.

9 ⓒ, ㉮   10 ⓑ, ㉰
11 ⓐ, ㉯

▶ **Comprensión lectora**

12 ⓓ

(**Capítulo 2**)⎯⎯⎯⎯⎯⎯ p.80

▶ **Gramática**

1 네, 아니요   2 아니요, 네
3 영어   4 한국어
5 ⓒ   6 ⓐ   7 ⓑ

▶ **Comprensión auditiva**

8	A	제인 씨, 회사원이에요?
	B	아니요.
	A	그럼, 의사예요?
	B	아니요.
	A	그럼, 학생이에요?
	B	아니요.
	A	그럼, 선생님이에요?
	B	네, 맞아요.
9	A	민호 씨, 학생이에요?
	B	아니요.
	A	그럼, 무슨 일 해요?
	B	선생님이에요.
	A	그럼, 한국어 선생님이에요?
	B	아니요, 일본어 선생님이에요.

Pista 052

8 ⓐ   9 ⓓ

▶ **Comprensión lectora**

10 (1) ⓑ   (2) ⓐ

(**Capítulo 3**)⎯⎯⎯⎯⎯⎯ p.90

▶ **Gramática**

1 이   2 가   3 이   4 가
5 마크   6 제인 씨예요
7 (1) 시계예요   (2) 유진 씨
8 (1) 이게   (2) 누구

▶ **Comprensión auditiva**

9	ⓐ 시계예요.	ⓑ 의자예요.
	ⓒ 책이에요.	ⓓ 책상이에요.

Pista 058

9 ⓒ

10	A	가방이 누구 거예요?	
	B	ⓐ 마크 씨예요.	ⓑ 네, 맞아요.
		ⓒ 가방이에요.	ⓓ 마크 씨 거예요.

Pista 059

10 ⓓ

▶ **Comprensión lectora**

11 (1) 누구예요?   (2) 무슨 일 해요?
12 (1) 뭐예요?   (2) 누구 거예요?

(**Capítulo 4**)⎯⎯⎯⎯⎯⎯ p.100

▶ **Gramática**

1 식당   2 병원   3 집에
4 약국에 있어요   5 어디에
6 어디에 있어요   7 위
8 왼쪽 / 옆   9 사이

▶ **Comprensión auditiva**

10	ⓐ 제인 씨가 식당에 있어요.
	ⓑ 제인 씨가 학교에 있어요.
	ⓒ 제인 씨가 은행에 있어요.
	ⓓ 제인 씨가 병원에 있어요.

Pista 065

10 ⓒ

11	A	책이 어디에 있어요?
	B	책상 위에 있어요.
	A	책상 위 어디에 있어요?
	B	시계 옆에 있어요.

Pista 066

11 ⓑ

▶ **Comprensión lectora**

12 ⓒ

Capítulo 5

p.110

▶ **Gramática**

1 ⓐ   2 ⓑ   3 ⓐ   4 ⓑ
5 한   6 두   7 다섯 잔
8 (1) 있어요   (2) 몇 개
9 (1) 있어요   (2) 몇 명 있어요

▶ **Comprensión auditiva**

Ej. 의자가 세 개 있어요.
10 가족이 네 명 있어요.
11 가방이 한 개 있어요.
12 표가 두 장 있어요.
13 책이 세 권 있어요.

Pista 072

10 네   11 한   12 두   13 세

14 가방 안에 안경하고 지갑하고 휴지가
있어요. 그런데 우산이 없어요.

Pista 073

14 ⓑ

▶ **Comprensión lectora**

15 (1) 2   (2) 0   (3) 3   (4) 0   (5) 1

Capítulo 6

p.120

▶ **Gramática**

1 육칠삼사에 오팔사이예요
2 공일공에 사삼이팔에 구이육칠이에요
3 이   4 시계가 아니에요
5 는   6 은

▶ **Comprensión auditiva**

7 A 병원 전화번호가 몇 번이에요?
   B 794-5269예요.
8 A 유진 씨 핸드폰 번호가 몇 번이에요?
   B 010-4539-8027이에요.

Pista 079

7 ⓐ   8 ⓒ

9 A 폴 씨, 혹시 제인 씨 집 전화번호 알아요?
   B 아니요, 몰라요.
     그런데 제인 씨 핸드폰 번호는 알아요.
   A 핸드폰 번호가 몇 번이에요?
   B 010-7934-8205예요.

Pista 080

9 ⓓ

▶ **Comprensión lectora**

10 (1) ⓑ   (2) ⓒ

Capítulo 7

p.130

▶ **Gramática**

1 칠월 십사일   2 시월 삼일
3 ⓑ   4 ⓐ   5 ⓑ
6 에   7 언제 / 무슨 요일에

▶ **Comprensión auditiva**

8-9 A 파티가 언제예요?
    B 8월 13일이에요.
    A 금요일이에요?
    B 아니요, 토요일이에요.

Pista 086

8 ⓒ   9 ⓑ

▶ **Comprensión lectora**

10 ⓐ   11 ⓓ

Capítulo 8

p.140

▶ **Gramática**

1 한 시 삼십 분이에요 / 한 시 반이에요
2 네 시 사십오 분이에요
3 여섯 시 오십 분
4 세 시 이십 분에
5 부터, 까지
6 아홉 시부터 열두 시까지

7 5시 30분이에요.

8 2시 25분이에요.

9 7시 45분이에요.

Pista 092

7 　　8 　　9

10 A 인호 씨, 몇 시에 회사에 가요?

　　B 10시에 가요.

　　A 그럼, 몇 시에 은행에 가요?

　　B 4시 20분에 가요.

　　A 그럼, 언제 집에 가요?

　　B 6시 반에 가요.

Pista 093

10 (1) 은행　　(2) 10:00　　(3) 6:30

▶ Comprensión lectora

11 (1) 9:30　　　　(2) 한국어 수업

　　(3) 2:00　　　　(4) 3:30~5:00

　　(5) 집

Capítulo 9　　　　　　　　　　p.150

▶ Gramática

1 30분　　　　　2 1시간

3 2시간 40분

4 (1) 자동차로　　(2) 45분

5 (1) 비행기로 가요　(2) 1시간 30분 걸려요

6 (1) 기차로 가요　　(2) 3시간 걸려요

▶ Comprensión auditiva

7 ⓐ 비행기로 가요.

　　ⓑ 자동차로 가요.

　　ⓒ 자전거로 가요.

　　ⓓ 버스로 가요.

Pista 099

8 ⓐ 배로 가요.

　　ⓑ 지하철로 가요.

　　ⓒ 기차로 가요.

　　ⓓ 걸어서 가요.

9 ⓐ 집에서 회사까지 30분 걸려요.

　　ⓑ 집에서 학교까지 30분 걸려요.

　　ⓒ 집에서 회사까지 40분 걸려요.

　　ⓓ 집에서 학교까지 40분 걸려요.

7 ⓑ　　　　　8 ⓓ　　　　　9 ⓓ

▶ Comprensión lectora

10 ⓓ　　　　　　　　　11 ⓑ

Capítulo 10　　　　　　　　　　p.160

▶ Gramática

1 구천오백 원이에요

2 십만 삼천 원이에요

3 얼마

4 얼마예요

5 (1) 얼마예요　　　　(2) 한

6 (1) 얼마예요　　　　(2) 두 개 주세요

▶ Comprensión auditiva

7 A 커피가 얼마예요?

　　B 6,700원이에요.

8 A 우산이 얼마예요?

　　B 38,500원이에요.

Pista 105

7 ⓓ　　　　　8 ⓑ

9 A 뭐 드시겠어요?

　　B 녹차 있어요?

　　A 죄송합니다, 손님. 녹차가 없어요.

　　B 그럼, 뭐 있어요?

　　A 커피하고 주스 있어요.

　　B 그럼, 커피 1잔 주세요. 얼마예요?

　　A 4,500원입니다.

　　B 돈 여기 있어요.

Pista 106

9 ⓒ

▶ Comprensión lectora

10 O　　　11 X　　　12 X　　　13 X

p.170

▶ **Gramática**

1 ⓑ   2 ⓐ   3 (1) 에   (2) 에서
4 (1) 에   (2) 에서   5 (1) 에   (2) 에서
6 친구하고   7 혼자

▶ **Comprensión auditiva**

> 8 ⓐ 일해요.   ⓑ 식사해요.
>   ⓒ 얘기해요.   ⓓ 여행해요.
> 9 ⓐ 노래해요.   ⓑ 운동해요.
>   ⓒ 전화해요.   ⓓ 요리해요.

Pista **112**

8 ⓐ   9 ⓒ

> 10 A 누구하고 식사해요?
>   B _____

Pista **113**

10 ⓒ

▶ **Comprensión lectora**

11 X   12 X   13 O
14 O   15 X

---

p.180

▶ **Gramática**

1 ⓐ   2 ⓑ   3 ⓑ   4 ⓑ
5 (1) 끝나요   (2) 먹어요
   (3) 봐요   (4) 자요
6 (1) 가르쳐요   (2) 있어요
   (3) 만나요   (4) 마셔요
7 을   8 를   9 을   10 를

▶ **Comprensión auditiva**

> 11 폴 씨가 운동해요. 그다음에 샤워해요.
>   그다음에 밥을 먹어요.
>   그다음에 책을 읽어요.

Pista **119**

11 (4), (1), (3), (2)

▶ **Comprensión lectora**

12 ⓑ → 식사를 해요 (식사해요)
    ⓓ → 중국어
    ⓖ → 광주

---

p.190

▶ **Gramática**

1 ⓐ   2 ⓑ   3 ⓐ   4 ⓑ
5 안 바빠요   6 안 피곤해요
7 운동 안 해요   8 그래서
9 그런데   10 그리고

▶ **Comprensión auditiva**

> 11 제인이 일해요. 운동 안 해요.
>   핸드폰을 봐요. 친구를 안 만나요.
>   전화 안 해요. 공부해요.
>   책을 안 읽어요. 음악을 들어요.

Pista **125**

11 인터넷해요, 공부해요, 텔레비전을 봐요

> 12 ⓐ 바빠요.   ⓑ 길어요.
>   ⓒ 멀어요.   ⓓ 추워요.

Pista **126**

12 ⓐ

▶ **Comprensión lectora**

13 ⓐ   14 ⓒ   15 ⓑ

---

p.200

▶ **Gramática**

1 (1) 읽었어요   (2) 재미있었어요
2 (1) 했어요   (2) 많았어요
3 (1) 왔어요   (2) 살았어요
4 7시간   5 일주일 / 7일 동안
6 2년 동안   7 산이, 바다
8 축구가

▶ **Comprensión auditiva**

9 A 어제 제인 씨를 만났어요?
   B ⓐ 제인 씨가 어때요?
     ⓑ 아니요, 안 만났어요.
     ⓒ 네, 제인 씨가 아파요.
     ⓓ 제인 씨가 캐나다 사람이에요.

10 A 냉면하고 비빔밥 중에서 뭐가 더 좋아요?
    B ⓐ 냉면이 비싸요.
     ⓑ 식당에 가요.
     ⓒ 비빔밥이 없어요.
     ⓓ 비빔밥이 더 맛있어요.

Pista **132**

9 ⓑ   10 ⓓ

▶ **Comprensión lectora**

11 ⓓ   12 ⓑ

Capítulo 15 ———— p.210

▶ **Gramática**

1 ⓑ   2 ⓐ   3 ⓐ   4 ⓑ
5 만날 거예요   6 읽을 거예요
7 볼 거예요   8 같이 영화 못 봐요
9 같이 술 못 마셔요

▶ **Comprensión auditiva**

10 내일 어디에 갈 거예요?
11 왜 같이 여행 못 가요?

Pista **138**

10 ⓐ   11 ⓒ

▶ **Comprensión lectora**

12 ⓑ   13 ⓒ

Capítulo 16 ———— p.220

▶ **Gramática**

1 ⓐ   2 ⓐ   3 ⓑ
4 ⓑ   5 ⓑ   6 ⓑ   7 ⓑ
8 ⓐ   9 ⓑ

▶ **Comprensión auditiva**

10 ⓐ 일본 친구가 없어요.
    ⓑ 일본 친구가 많아요.
    ⓒ 일본 사람이 아니에요.
    ⓓ 일본어 얘기가 어려워요.

11 ⓐ 자동차가 있어요.
    ⓑ 운전할 수 있어요.
    ⓒ 자동차가 필요해요.
    ⓓ 운전을 배울 거예요.

Pista **144**

10 ⓑ   11 ⓓ

▶ **Comprensión lectora**

12 ⓑ

Capítulo 17 ———— p.230

▶ **Gramática**

1 ⓓ 얘기해 주세요   2 ⓑ 빌려주세요
3 ⓐ 기다려 주세요
4 태권도요   5 시험요
6 못 들었어요   7 못 봤어요
8 못 들었어요   9 못 봤어요

▶ **Comprensión auditiva**

10 ⓐ 다시 들어 주세요.
    ⓑ 빨리 들어 주세요.
    ⓒ 천천히 말해 주세요.
    ⓓ 천천히 들어 주세요.

11 ⓐ 테니스를 배워 주세요.
    ⓑ 테니스를 가르쳐 주세요.
    ⓒ 테니스를 연습해 주세요.
    ⓓ 테니스 라켓을 빌려주세요.

12 ⓐ 핸드폰을 받아 주세요.
    ⓑ 전화번호를 말해 주세요.
    ⓒ 조금 전에 전화해 주세요.
    ⓓ 조금 후에 전화해 주세요.

Pista **150**

10 ⓒ   11 ⓑ   12 ⓓ

▶ **Comprensión lectora**

13 (ⓑ) → (ⓐ) → (ⓓ) → (ⓒ)

Capítulo 18

p.240

▶ **Gramática**

1 쉬고 싶어요   2 먹고 싶어요

3 얘기하고 싶어요

4 (1) 먹어 봤어요   (2) 먹어 보세요

5 (1) 입어 봤어요   (2) 입어 보세요

▶ **Comprensión auditiva**

> 6 김치가 맵지 않아요?
>
> 7 한국어 공부가 어렵지 않아요?

Pista 156

6 ⓑ   7 ⓓ

▶ **Comprensión lectora**

8 ⓓ   9 ⓑ

Capítulo 19

p.250

▶ **Gramática**

1 (1) 걸으세요   (2) 잡수세요/드세요

2 (1) 마시지 마세요   (2) 피우지 마세요

3 (1) 없습니다   (2) 먹습니다

   (3) 마십니다   (4) 봅니다

4 ⓐ   5 ⓑ

▶ **Comprensión auditiva**

> 6-7 A 명동에 가 주세요.
>   B 명동 어디요?
>   A 저기 신호등에서 오른쪽으로 가세요.
>   B 그다음은요?
>   A 병원에서 왼쪽으로 가세요.
>   그리고 은행 앞에서 세워 주세요.
>   B 네, 알겠습니다.
>   A 얼마예요?
>   B 7,400원입니다.
>   A 여기 있어요. 수고하세요.
>   B 감사합니다. 안녕히 가세요.

Pista 162

6 ⓒ   7 ⓑ

▶ **Comprensión lectora**

8 ⓒ   9 ⓐ

Capítulo 20

p.260

▶ **Gramática**

1 (1) 가세요   (2) 좋아하셨어요

   (3) 좋아하세요   (4) 드셨어요/잡수셨어요

   (5) 드세요/잡수세요 (6) 주무셨어요

   (7) 주무세요

2 (1) ⓐ   (2) ⓑ

3 (1) ⓐ   (2) ⓑ

4 배우세요

5 어려우세요

6 드셨어요

▶ **Comprensión auditiva**

> 7-8 A 신촌 식당입니다.
>   B 저, 예약돼요?
>   A 네, 됩니다. 언제 오실 거예요?
>   B 오늘 저녁 7시에 갈 거예요.
>   A 몇 명 오실 거예요?
>   B 3명요.
>   A 성함이 어떻게 되세요?
>   B 제인 브라운입니다.
>   A 연락처가 어떻게 되세요?
>   B 010-3780-9254입니다.
>   A 예약됐습니다. 6시 50분까지 오세요.
>   B 네, 알겠어요.

Pista 168

7 ⓑ   8 ⓓ

▶ **Comprensión lectora**

9 ⓓ

[D]